JN238613

ダンゼン得する

知りたいことがパッとわかる

NPO法人のつくり方がよくわかる本

行政書士
社会保険労務士
渕こずえ

ソーテック社

本書の内容には、正確を期するよう万全の努力を払いましたが、記述内容に誤り、誤植などがありましても、その責任は負いかねますのでご了承ください。

＊本書の内容は、特に明記した場合をのぞき、2015年1月31日現在の法令等に基づいています。

本書では、一般的に「所轄庁」と表記されるNPO法人の設立認証申請先を「都道府県庁」と表記しています。
都道府県庁以外に政令指定都市も認証事務を行っているので不正確な表現ですが、申請先をより具体的にイメージできるように、あえて「都道府県庁」としました。

Cover Design...Yoshiko Shimizu (smz')
Illustration...Yasuko Tanaka

はじめに

　本書の目的は、これからNPO法人を立ち上げるみなさまが、自分たちでNPO法人を設立できるようになることです。そのため、NPO法人の設立を進めるにあたって大切だと思うこと、お伝えすべきことをすべて詰め込みました。

　NPO法人という言葉はよく耳にするけど、実際はよくわからない人が多いのではないでしょうか？　設立希望者から話を聞くと、ボランティアだと思っていたり、増えすぎたのでもう設立できないと勘違いされていたり……。よくわからない法人だからこそ、さまざまな憶測や誤解があることに驚くことが多々あります。

　本書では、NPO法人はどういう法人なのか、実務を通して感じたこと考えたことを盛り込んで説明しました。申請書類のつくり方はもちろん、実際の申請では、どんなやり取りをするのかということまで書きました。
　また、設立後をイメージできるように、設立後の手続きについても紹介しています。

　株式会社や一般社団法人などは、ちゃんと手続きすれば設立することができます。手続きがわからなければ、役所に聞いてそのとおりにすればいいだけです。
　一方NPO法人は、手続きをするための前提条件として、審査をクリアして認証を取る必要があります。これをパスしないと手続きすらできないのです。
　ポイントを押さえて書類づくりをしていけば審査はクリアしますが、それでも、私がこの業務をはじめたころは、申請書の作成にとても気を遣い、お客様の手元に認証書が届くまではとても不安でした。いくつも設立業務を行っていくなかで培った申請実務のポイントや勘所を、本書ではすべてお伝えしています。
　NPO法人をこれから設立される人はもちろん、開業したばかりの専門家で、NPO法人設立を業務に加えようと思っている人にも、ぜひ活用していただければと思います。

　最近、私が関与させていただいたNPO法人が書籍を出版したり、行政から事業を受託して規模を拡大するなど、さまざまな朗報を聞く機会が増えとてもうれしく感じています。
　この本を手に取っていただいたみなさまが本書を活用し、たくさんのNPO法人が生まれ、その活動の輪が広がっていくことを心から楽しみにしています！

渕　こずえ

> 基本的なことから
> ちゃんとわかるようにつくってあるので、
> じっくり読んで、トライしてみてください！

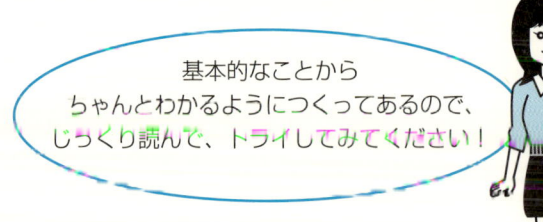

目次

第1章 NPO法人の基礎知識

1-1 NPO法人とは？

1. NPO法人ってどんな法人 16
   - NPOとNPO法人の違い
2. 特定非営利活動とは？ 18
3. 非営利の意味 19
4. どういうNPO法人をつくりますか？ 21
   - ボランティア型NPO法人の例
   - 収益型NPO法人の例
   - 広報窓口型NPO法人の例
5. 収入源を決めましょう 24
   - NPO法人の収益を上げる事業と上げない事業の区分

1-2 NPO法人をつくるメリットとデメリット

1. NPO法人をつくる3つのメリット 28
   - 収益事業の種類（法人税法施行令の34業種）
2. NPO法人をつくる3つのデメリット 31

1-3 NPO法人を設立するまでの流れ

1. 全スケジュール 34
2. 設立の準備から申請までの手順 36
   - 申請が受理されるまでの流れをザッと知っておこう

3. 申請書の受理から認証（不認証）までの手順 38
- 認証までの流れをザッと知っておこう
- 認証／不認証の決定・通知

4. 認証決定通知から登記完了届までの手順 40
- 登記完了届までの流れをザッと知っておこう

1-4　NPO法人の審査の実情

1. 道府県庁の担当部署に事前相談に行く（東京都以外の場合）........42
2. 都道府県庁の担当部署に事前相談に行く（東京都の場合）..........44
3. 認証率について 45
- 認証申請受理数・認証数（所轄庁別）

第2章　NPO法人になるための要件

2-1　やりたいことは何ですか?

1. 特定非営利活動20分野に該当しますか? 50
- NPO法で定める20分野

2. それは誰のために行いますか? 53

2-2　人的な要件について

1. NPO法人にはこれだけの人が必要 54
- NPO法人の役員構成（4人以上であればOK）
- NPO法人の社員と役員

2. 役員について 56
- 役員の人数によって役員報酬が受けられる人数が決まる
- NPO法上役員の制限がかかる親族の範囲

3. 社員について 60

2-3 NPO法人になるための要件

1. そのほかのNPO法人になるための要件..................61

2-4 そのほかの要件

1. 会計の原則を守る..................64

第3章　NPO法人の概要を決めましょう

3-1 チェックシートを用意しよう

1. NPO法人設立チェックシートと準備をするもの..................66
   - 決定事項チェックシート❶
   - 決定事項チェックシート❷
   - 決定事項チェックシート❸

3-2 チェックシートを埋めてみよう

1. NPO法人の名称の決め方..................70
   - 登記に用いることのできる符号
   - 決定事項チェックシート❶に名称を書く

2. 主たる事務所を置く場所が所在地..................73
   - 決定事項チェックシート❶に所在地住所、所在地電話番号、所在地FAXを書く

3. 会員の種類と会費の決め方..................75
   - 会員の種類と意味（例）
   - 決定事項チェックシート❶に会員の種類、会費を書く

4. 役員の決め方..................78
   - 決定事項チェックシート❶に役員の種別、氏名、読み仮名、役員報酬の有無、理事長の電話番号とFAXを書く

- 5. 社員の決め方 80
  - 決定事項チェックシート❶に社員の氏名、住所を書く
- 6. 事業年度はどうすればよいか 81
  - 決定事項チェックシート❶に事業年度を書く
- 7. 設立趣旨の考え方 83
  - 上記を踏まえて、決定事項チェックシート❷に設立趣旨を書く
  - 決定事項チェックシート❶に法で定める20の活動をチェック
  - 決定事項チェックシート❸に目的を書く
  - 決定事項チェックシート❸に事業の種類を書く
  - 決定事項チェックシート❸に具体的な事業内容を書く

第4章　申請書類をつくりましょう

4-1　申請書類作成のための準備

- 1. NPO法人の設立申請に必要な書類 88
  - よく考えて作成しなくてはならない書類
  - 転記のみなどで簡単にできてしまう書類

4-2　チェックシートを文章化する

- 1. 設立趣旨書の作成 90
  - サンプル　設立趣旨書　例

4-3　モデル定款をアレンジする

- 1. モデル定款をダウンロードする 94
- 2. 定款の作成 95
  - サンプル　モデル定款（総会型）　例
  - サンプル　モデル定款（理事会型）　例

4-4 NPO法人の申請で求められる事業計画とは

1. 事業計画書の作成 117
   サンプル 事業計画書　例

4-5 そのほかの必要書類

1. 活動予算書の作成 120
   サンプル 活動予算書　例
2. 役員名簿及び役員のうち報酬を受ける者の名簿の作成 124
   サンプル 役員名簿及び役員のうち報酬を受ける者の名簿　例
3. 就任承諾書及び宣誓書の作成 126
   ● NPO法人の役員になることができない人
   サンプル 就任承諾書及び宣誓書（理事）例
4. 各役員の住所または居所を証する書面 129
   サンプル 住民票　例
5. 社員のうち10人以上の者の名簿の作成 130
   サンプル 社員のうち10人以上の者の名簿　例
6. 確認書の作成 131
   サンプル 確認書　例
7. 設立総会議事録 133
   ● 設立総会議事録の記載事項（東京都の場合）
   サンプル NPO法人One&にゃんサポート協会設立総会議事録　例
8. 設立認証申請書 136
   サンプル 特定非営利活動法人設立認証申請書　例

第 5 章　申請受理から認証までの流れ

5-1　書類をつくってから申請書類が受理されるまで

1. 書類ができたら、都道府県庁の窓口に相談予約を入れる 140

5-2　申請受理から認証まで

1. 書類が受理されたそのあとは？ 143
   - サンプル　名刺　例
   - サンプル　「特定非営利活動法人設立認証申請」に係る補正書類の再提出について　例
   - サンプル　認証書（東京都）例
   - サンプル　認証書（千葉県）例
   - サンプル　認証書（埼玉県）例

第 6 章　登記をしましょう

6-1　認証書が届いたら準備するもの

1. NPOの印鑑と財産目録 150
   - サンプル　NPO法人の印鑑　例
   - サンプル　代表者個人の印鑑登録証明書　例
   - サンプル　財産目録　例
2. 登記書類に書くことを確認する 153
3. 準備する必要書類 154
   - サンプル　特定非営利活動法人設立登記申請書　例
   - サンプル　定款　例
   - サンプル　認証書のコピー（原本証明）例
   - サンプル　財産目録　例

- サンプル 就任承諾書（理事および理事長）例
- サンプル 登記すべき事項を記載したもの　例
- サンプル 印鑑届書　例

6-2　登記の申請と完了

1. 申請 登記書類を提出しに行く 163
   - 必要書類
2. 完了 「登記事項証明書」を取得して「印鑑カード」をつくる... 165
   - サンプル 印鑑カード　例
   - サンプル 印鑑カード交付申請書　例
   - サンプル 印鑑証明書及び登記事項証明書交付申請書　例
   - サンプル 印鑑証明書　例

第7章　設立後の届け出と運営について

7-1　設立登記完了後に行う届出

1. 都道府県庁への設立登記完了届書 170
   - 東京都の場合
   - サンプル 登記事項証明書交付申請書　例
   - サンプル 設立登記完了届出書　例
   - サンプル 履歴事項全部証明書　例
   - サンプル 財産目録　例
2. 税務関係の届け出 175
   - 東京都の場合
   - NPO法人の申告の概要
   - サンプル 法人設立（設置）届出書（事業開始等申告書／都税事務所・支所提出用）例

7-2　設立後の運営について

1. NPO法人の義務 179
   - 毎事業年度はじめの3カ月以内に提出する書類
   - 事務所に備え置く期間
   - サンプル 事業報告等提出書　例
   - サンプル 事業報告書　例
   - サンプル 活動計算書　例
   - サンプル 貸借対照表　例
   - サンプル 財産目録　例
   - サンプル 前事業年度の「年間役員名簿」　例
   - サンプル 前事業年度末日における「社員のうち10人以上の者の名簿」例

7-3　NPO法人に変更があったとき

1. 役員に変更があったら 188
   - 役員の新任（再任を除く）の場合
   - 再任、任期満了、死亡、辞任、解任、住所の変更、氏名の変更、代表者の変更の場合
   - サンプル 役員の変更等届出書（任期途中の辞任と新任）例

2. 定款の変更 191
   - 認証が必要な変更（認証を受けなければ効力は生じません）
   - 定款変更の概要
   - サンプル 定款変更届出書　例
   - サンプル 定款変更を議決した社員総会の議事録の謄本　例
   - 認証が必要な定款変更の手続きに必要な申請書類
   - サンプル 定款変更認証申請書　例
   - サンプル 定款の変更の登記完了提出書　例

3. そのほかの手続き 200
   - サンプル 特定非営利活動法人変更登記申請書　例

第 8 章　認定 NPO 法人

8-1　認定NPO法人の制度としくみ

1. 認定NPO法人とは？..204
   - パブリック・サポート・テスト（PST）
   - 認定NPO法人、仮認定NPO法人共通の税制上の優遇
   - 認定NPO法人の税制上の優遇
   - 仮認定の要件

索引..210

次頁に
「NPO法人の要件チェック表」を
用意してあるので、まず最初に
チェックをしてみてください。
内容がわからないときや判断に困るときは
該当ページを読んでみてください。

NPO法人の要件チェック表

	項　目	本書の解説頁	チェック
1	NPO法に掲げる20項目のいずれかの活動を行うことを主たる目的としています。	18、50	
2	不特定かつ多数の者の利益の増進に寄与することを目的としています。	53	
3	営利を目的としていません。	19、61	
4	宗教の教義を広め、儀式行事を行い、および信者を教化育成することを主たる目的としていません。	61	
5	政治上の主義を推進し、支持し、またはこれに反対することを主たる目的としていません。	62	
6	特定の公職の候補者もしくは公職にある者または政党を推薦し、支持し、またはこれらに反対することを目的としていません。	62	
7	暴力団、または暴力団やその構成員もしくは暴力団の構成員でなくなった日から5年を経過しない者の統制の下にある団体ではありません。	63	
8	特定の個人や法人、団体の利益を目的として事業を行いません。	63	
9	特定の政党のために利用しません。	62、131	
10	社員（総会で表決権を持つ者）が10人以上います。	54、80	
11	社員の資格の得喪に関して、不当な条件を付けません。	76、98、108	
12	総会（社員の意思決定機関）を年1回以上開催します。	101、111	
13	役員は、理事が3人以上、監事が1人以上います。	54、78	
14	理事または監事はその定数の3分の1を超える者が欠けた場合、遅滞なく補充します。	100、110	
15	役員は、成年被後見人または被補佐人など、法第20条に規定する欠格事由に該当していません。	57、126	
16	役員のうちには、それぞれの役員について、その配偶者もしくは3親等以内の親族が1人を超えて含まれ、または当該役員並びにその配偶者および3親等以内の親族が役員の総数の3分の1を超えて含まれません。	57、78、99、109	
17	役員のうち報酬を受ける者の数が、役員総数の3分の1以下です。	58、79	
18	その他の事業を行う場合は、特定非営利活動に係る事業に支障がない範囲で行い、収益を生じたときは当該事業に充てます。	62	
19	会計の原則にしたがって会計を行います。	64	

この章の中で、何月何日に●●●をしようと決めたらここに書き込んで、実際にやったらチェックを入れましょう。

月　　日 _____ ☐
月　　日 _____ ☐
月　　日 _____ ☐

第1章

NPO法人の基礎知識

　NPO法人のつくり方を説明する前に、NPO法人とは具体的にどんな法人なのかを説明します。

　「NPO法人」という言葉はよく聞きますが、いいことをする人たちというイメージの一方で、怪しい団体と感じる人もいたりと、わかりにくい分、誤解の多い法人形態ともいえます。

　この章の内容を踏まえたうえで、改めてNPO法人を設立するかどうかを検討してください。

　設立すると決まれば、設立にあたっての大きな流れも説明しているので、まず何からはじめたらいいのか、おおまかなスケジュールが想定できると思います。

1-1 NPO法人とは？

1. NPO法人ってどんな法人

NPOとNPO法人

　ニュースなどで「**NPO法人**」という言葉を聞くことも多いと思います。何となくいいことをする団体とか法人、ボランティア団体？　といった印象が強いかもしれません。

　「**NPO**」とは、Non-Profit Organizationの頭文字の略で、直訳すると「**非営利組織**」になります。ここには広い意味で、社団法人、町内会、自治会、ボランティア団体など、非営利な組織が含まれます。

　一方で「NPO法人」というのは、次の団体のみを指します。

NPO法人 ⇒	NPOの中でも「特定非営利活動促進法」（以下NPO法）に基づいて、認証を受けて法人になった団体

　つまり非営利組織であればNPOとなりますが、**「NPO法人」になるには、認証を受けて法人格を得る必要**があります。

NPO法人ってボランティア？

　NPO法人を運営している人たちは、「あなたたちボランティアでしょ？」と言われてしまい困惑することが多いかと思います。

　ボランティアという言葉自体も曖昧ですが、一般的には「無償」「自発的」「社会貢献のための活動」というイメージではないでしょうか。

　NPO法人に含まれる「非営利」という言葉が、「無償」という言葉に変換されて「ボランティア」だと誤解され、このように言われてしまうのでしょう。

　NPO法人が、ボランティア活動を行い、社会貢献する形はもちろん

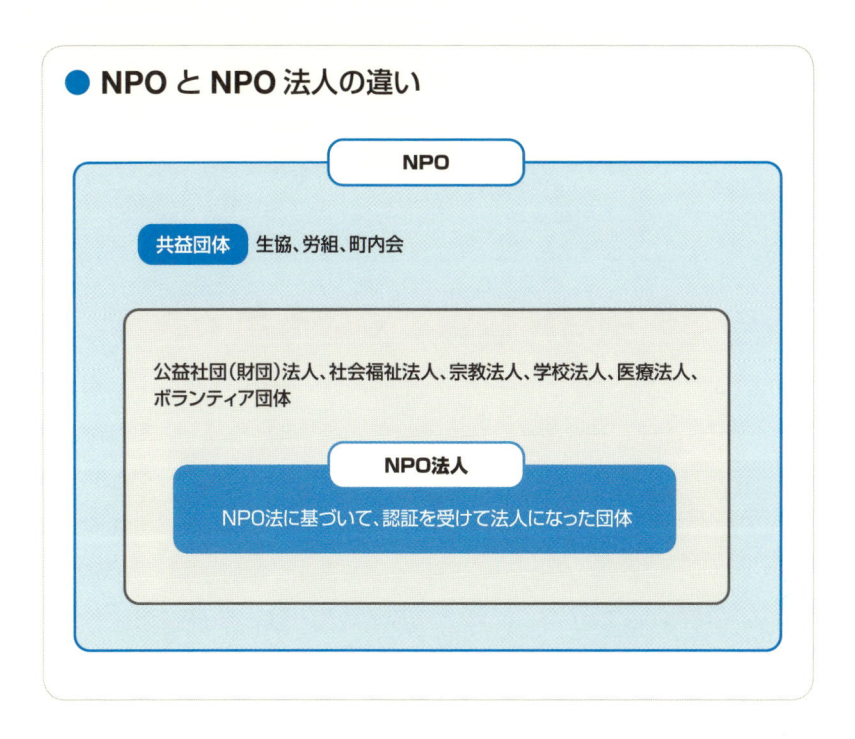

● NPOとNPO法人の違い

```
┌─────────────────────────────────────────────────┐
│                    NPO                          │
│  ┌──────┐                                       │
│  │共益団体│ 生協、労組、町内会                    │
│  └──────┘                                       │
│  ┌───────────────────────────────────────────┐  │
│  │ 公益社団（財団）法人、社会福祉法人、宗教法人、  │  │
│  │ 学校法人、医療法人、ボランティア団体          │  │
│  │         ┌──────────┐                      │  │
│  │         │  NPO法人  │                      │  │
│  │         └──────────┘                      │  │
│  │  NPO法に基づいて、認証を受けて法人になった団体 │  │
│  └───────────────────────────────────────────┘  │
└─────────────────────────────────────────────────┘
```

ありますが、**非営利活動の意味は無償ということではありません。**そもそもボランティア自体も無償である必要はなく、「有償ボランティア」という言葉もあります。

あとで詳しく説明しますが（19頁参照）、この部分の誤解を解いておくことが、NPO法人を設立し運営していくにあたってのカギになると思います。

NGOというのもある

また、たまに「NGO」をつくりたいという人もいます。

「**NGO**」とは、Non-Governmental Organizationといい、直訳すると「**非政府組織**」になります。

一般的に国際協力などを行う民間の非営利な組織を指します。政府の組織ではなく民間であるということが強調されますが、NGOもいってしまえば広い意味でのNPOの1つといえます。

1-1 NPO法人とは？

2. 特定非営利活動とは？

20の活動項目に該当しているか？

　特定非営利活動促進法に基づいて認証されて設立できるのが、NPO法人でした。では、**「特定非営利活動」**とはいったい何でしょうか。

| 特定非営利活動 ⇒ | NPO法で掲げられる20※の活動内容（50頁参照）に該当し、かつ不特定多数の人々のためになる活動を行うことを目的とする活動 |

※ ❶ 保健、医療または福祉の増進を図る活動　❷ 社会教育の推進を図る活動　❸ まちづくりの推進を図る活動　❹ 観光の振興を図る活動　❺ 農山漁村または中山間地域の振興を図る活動　❻ 学術、文化、芸術またはスポーツの振興を図る活動　❼ 環境の保全を図る活動　❽ 災害救援活動　❾ 地域安全活動　❿ 人権の擁護または平和の推進を図る活動　⓫ 国際協力の活動　⓬ 男女共同参画社会の形成の促進を図る活動　⓭ 子どもの健全育成を図る活動　⓮ 情報化社会の発展を図る活動　⓯ 科学技術の振興を図る活動　⓰ 経済活動の活性化を図る活動　⓱ 職業能力の開発または雇用機会の拡充を支援する活動　⓲ 消費者の保護を図る活動　⓳ 前各号に掲げる活動を行う団体の運営または活動に関する連絡、助言または援助の活動　⓴ 前各号に掲げる活動に準ずる活動として、都道府県または指定都市の条例で定める活動

20項目から選ぶコツ

　20項目すべての活動を行う必要は、もちろんありません。また、活動内容がこの項目に少しでも多く該当しているほうがいいということもありません。**1つでも該当していれば、それでかまいません。**
　NPO法人の定款には、20項目のどの活動を行うのかを記載します。
　たくさん列挙する人がいますが、**メインとなる活動を1つだけ書けるなら、そのほうがシンプルでいい**くらいです。
　実際には、審査などで関係が薄いものは削除するようにいわれることがほとんどです。

1-1 NPO法人とは？

3. 非営利の意味

「非営利でも収益を上げていい」ということ

　「営利」というと、株式会社などの企業を思い浮かべます。一方で、特定「非営利活動」法人というと、利益を出してはいけない、儲けてはいけない、ボランティア、モノを売ってはいけない？　というイメージがあります。NPO法人もこのイメージが強くあり、誤解を生じることが多々あります。

　ハッキリいいます。**NPO法人は儲けてかまいません、いいえ、儲けてください！**

　事業を行うには、資金が必要です。無償のボランティアでやっていくことは難しいです。

非営利 ⇒	事業収益を上げて、そこから諸経費を引き、みなさんの人件費も引いて、それでもし利益が残ったら、それは次の活動に使う資金にするということ

　つまり非営利とは、会社のように株主に配当するなど、利益を上げて、それを**分配することを目的にしてはいけない**ということです。

NPO法人はモノを販売してはいけないの？

　NPO法人は、情報を公開することで、市民からのチェックが入ります。東京都に多い問いあわせの中で、「NPO法人がモノを売っているけれ

ど、いいのか？」というものがあります。

　もちろん、モノを売ってかまいません。一般市民の中にもそのような誤解があるので、NPO法人の皆さんも活動がしにくい面もあるかもしれませんが、物品を販売して代金を受け取ってかまいません。そこから、仕入れ、材料代などの経費や人件費などを引いて、余った利益をメンバーに分配せずに、NPO法人の掲げた目的を実現するための活動資金に使えばいいのです。

　収益が増えれば活動資金が増えます。活動資金が増えれば、さらに積極的かつ大胆に活動していくことができるようになります。

　手弁当で、厳しい運営状況で、自己を犠牲にして活動するというのは素晴らしいことではありますが、それではかかわっている人が大変ですし、法人運営を続けるのが困難になります。

NPO法人はモノを売っても、利益を出してもいい

⇒　法人ですから、しっかり利益を出して、関与する人たちが豊かになって社会にも貢献できる、そういうところを目指していくのが今後の新しいNPO法人の形

　ぜひこの部分の意識を変えて、設立にあたっては、収益を上げながら公益に資する活動を行い、どんどん発展していく法人のイメージを描いて、申請書をつくっていってください。

どんどん収益を上げて、どんどん活動を発展させて、NPO法人の掲げた目的を実現させていけばいいんだ！

1-1 NPO法人とは？

4. どういうNPO法人をつくりますか？

NPO法人のタイプ

　NPO法人といっても、いろいろなタイプがあります。決まりがあるわけではありませんが、次のようなタイプが多いのではないでしょうか。**どれにあたるか最初に考えておくと、そのあとでつくる「事業計画書」や「活動予算書」の検討がしやすくなります。**

❶ ボランティア型
❷ 収益型
❸ 広報窓口型
❹ 本業発展型　　etc.

❶ ボランティア型

　これは、「ボランティア団体のNPO法人化」などが該当します。
　「NPO法人」の制度がはじまったのは、このタイプからです。阪神淡路大震災のあと、多くのボランティアが駆けつけたにもかかわらず、法人格がないことから活動にさまざまな支障が生じました。これをきっかけに、非営利活動の団体にも法人格を付与しようという機運が高まり、NPO法の成立へと繋がりました。
　NPO法人というと、ボランティアというイメージがいまだに強いのは、まさに、このスタートが影響しているからかもしれません。

● ボランティア型NPO法人の例

- 被災地復興支援
- 動物保護活動
- 発展途上国への支援
- 難民支援
- 文化遺産保護
- 地域パトロール　etc.

❷ 収益型

株式会社と同様、事業収益を上げていくケースが、この収益型に該当します。

NPO法人も収益が上がらなければ、法人運営を続けていくことができません。ですから、しっかり収益を上げて、事業として成立させるようにしなくてはなりません。

株式会社とNPO法人の違いは、営利目的か非営利目的かの違いだと説明しました。そして、非営利というのは残った利益を分配しないということ、その活動のために使うということなので、**外見上、株式会社でもNPO法人でも、どちらの法人格でスタートしてもあまり変わらない**ケースが多いといってもよいかもしれません。

たとえば、保育所、託児所、介護施設、障害福祉施設などは、会社で運営しているものもあれば、NPO法人で運営しているものもあります。このタイプのNPO法人をつくる際には、所轄庁との事前面談で「どうして会社ではなくNPO法人なのか？」ということを聞かれることがあります。NPO法人で活動できることは間違いありませんが、なぜNPO法人なのか、その部分をきちんと説明することも要求されます。

起業するにあたって、NPO法人でも会社でもどちらでも収益を上げていいわけですから、自分の考えにあった形を選択することができます。

近年耳にする「**社会起業家**」は、社会に貢献するビジネスで起業し、これをビジネスとして成立させることを目指すもので、NPO法人による起業も注目されています。

● 収益型NPO法人の例

- 学童保育
- 介護施設
- 託児所
- 障害福祉関連の事業所

❸ 広報窓口型

ほかに何かビジネスを持っていて、その「広報や集客の窓口」としてNPO法人を活用することがあります。そもそも営利企業であっても、

何か社会のためになることをして対価をもらうという点では、NPO法人となんら変わりません。繰り返しになりますが、営利か非営利かの違いは余剰の利益を分配するか、その活動の発展に使うかという点でしかありません。ですから、NPO法人の活動が結果的に営利企業の活動を助けることも理論的に成り立ちます。

たとえば、**株式会社が収益を上げる部分は会社に任せ、その広報や普及啓発活動などをNPO法人で行うようなケースが、この広報窓口型に該当します。**

ただしその営利企業への利益誘導を目的としてしまうと、非営利活動法人とはいえなくなってしまいます。ですから、そのような誤解が生じないように、活動の公益性を申請書類の中でしっかり表現する必要があります。

● 広報窓口型NPO法人の例

NPO法人の目的	内容
いい家の見分け方や、築数年経過後の建物のリスク診断などを行い、建物の維持やリフォームに関する知識の普及啓発を行うNPO法人	NPO法人に会員登録してもらい、会員のニーズにあわせて、NPO法人を運営している会社でリフォーム業務を受注する
債務超過に陥っている人たちを救うためのアドバイスや相談を行うNPO法人	まずNPO法人で無料相談などを行い、より詳しくコンサルティングをしたり、具体的に相談案件となる場合には、その運営に関与している司法書士や弁護士が直接契約する
防災意識を高めるセミナーなどを行うNPO法人	会場での防災グッズの販売や納入契約を会社が行う

❹ 本業発展型

中小企業が本業を通じて社会貢献を行うケースもあります。環境整備関係の資材を扱っている法人が、その資材を使って、全国の環境整備を行うNPO法人を運営するなど、自社の蓄えたノウハウを社会貢献として活かすケースなどは、広報窓口型と逆の流れといえます。そのような活動を行うことで、自社のブランディングにもなります。

1-1 NPO法人とは？

5. 収入源を決めましょう

　繰り返しますが、NPO法人は決してボランティアにかぎりません。収益を上げて運営を継続していかなくてはならないことは、会社と同じです。ですから、収入源を何にするかを考えていかなくてはなりません。

収入源 ❶ 補助金・助成金

　NPO法人になると、公的機関から補助金や助成金がもらえるのではと考えている人もいますが、それを収入源として頼ることはやめてください。そもそも**NPO法人だからといって、補助金や助成金がもらえるということはあり得ません。**助成金や補助金の申請において、活動実績を審査されることがほとんどなので、しっかり自立した運営ができていることが大事です。

　NPO法人は、現段階でおよそ5万を超える法人数が認証されています。NPO法人だからというだけで、補助金がもらえるのであれば、財源がいくらあっても足りません。まず自力でしっかり運営できて、周囲のニーズに応えられているということが客観的に認められて、はじめてそのような可能性があると考えてください。

　逆にいえば、個人事業や株式会社でも、運営体制が確立していて、かつ社会的なニーズにあった活動をしている団体には、行政から「**助成金**」や「**補助金**」の話が来ることがあります。ただ、行政機関は「個人事業」や「株式会社」に対して補助金を出しにくいのです。なぜなら、行政の担当者とその営利企業の間に、何か癒着があるのではと疑われてしまう恐れがあるからです。

　そこで行政機関の担当者から、事業主にお金を出したいが会社に対しては出せないので、別にNPO法人をつくってほしいといわれるケースがあります。**NPO法人は非営利法人なので、行政としてもパートナーとして組みやすい**のです。

実際に、行政側からのリクエストで、事業経営者がNPO法人をつくるというケースは多々あります。このように、単純に法人格がNPO法人だからということではなく、事業内容が大切だということを忘れないでください。

　結論としては、補助金、助成金を収益源としてNPO法人を設立するのは、上記のように、行政機関からすでに事業の委託を取りつけることができているような場合以外はやめたほうがよいでしょう。

収入源❷ 寄付金

　NPO法人なら寄付金が集まりやすいのではないのか？　という声も聞きますが、そういうわけではありません。逆の立場で寄付する側に立って考えてみても、NPO法人だから寄付するというのではなく、その法人や団体の活動を見て、納得して寄付をするのではないでしょうか。

　日本では寄付が少ないといわれますが、アメリカなど寄付の盛んな国々は、寄付による税制の優遇があったり、宗教上の慣習といったバックグラウンドが違うため、同じようには考えられないかもしれません。日本は日本独自の相互扶助の習慣がありますが、見ず知らずの人々や団体にすぐにお金を出すのは抵抗があるので、単にお金だけを渡す寄付文化というのはそれほど広まらないのではないかと思います（資産家の相続税対策などの例外はあります）。

　寄付といってもお金ではなく、**労働や物の提供なども寄付といえます。**そうしたものであれば、活動に賛同してくれる人たちからの協力も得やすいでしょう。たとえば有償の労働でも、通常の賃金などより低い金額で謝礼程度の額を渡す場合も**「有償ボランティア」**、つまり労働力の寄付といえます。

　有償ボランティアのように、NPO法人の活動内容に賛同した人たちが、活動に参加したり、協力したり、自分でできることを提供するというスタイルのほうがイメージしやすい気がしますし、一般市民の参加の形として、しっくりくるのではないでしょうか。

　平成25年の内閣府の世論調査では、NPO法人が行う活動に対して寄付をしたいかという問いに「思う」と答えた人は23.2％、「思わない」と答えた人は62.4％、「わからない」と答えた人は14.5％とあります。

この結果を見ると、NPO法人だから寄付が集まるということはあまり期待できません。自然災害や難病支援など、寄付が集まりやすいものもありますが、寄付が必要な理由が明確で訴求力があるとともに、寄付しても大丈夫だと安心できる団体である必要があります。

　営利企業は、相手に物やサービスを提供して、その対価としてお金を受け取ります。一方、寄付は何の対価もないのに相手からお金を引き出さなくてはなりません。ですから、営利企業の運営よりも難しいかもしれません。そのために、活動内容を社会に強く訴えていく熱意と誠意を示し、実績を積み、法人運営の透明性を図っていくことが大切でしょう。

収入源❸ 会費

　NPO法人をつくるときに、会費を設定します。会費は0円でもかまいませんが、会費を収入源にする場合には、どのような会員構成にするかとともに、会費の設定を考えましょう。

　たとえば、広報窓口型の法人であれば、集客メリットを受ける法人などを会員とし、会費を集めるという方法があります。

　またボランティア型でも、活動に賛同して参加する人たちから会費をもらうしくみをつくり、活動の資金としていくようにします。

　会費をメインにする場合、どういう人に会費をいくらで設定するのかが重要になります。

収入源❹ 収益型はサービスの対価をもらう

　収益型のように会社と同じような活動を行っている場合、そのサービスに対する対価をもらい、これを収入源にします。このあたりは会社の収益を上げるしくみとまったく同じイメージです。

収入源❺ 本来の事業とまったく関係のない「その他の事業」で収益を上げる

　またNPO法人は、本来の活動のほかに「その他の事業」を行うことができます。NPO法は「その他の事業」で、NPO法人の本来の事業と

はまったく関係のないことを行い、その収益をNPO法人の活動資金に繰り入れることを認めています。

たとえば「環境問題」に取り組むNPO法人が、不動産を所有し賃貸することを「その他の事業」として行い、その収益（賃料）をNPO法人の活動資金に繰り入れて資金源とすることができます。ただ「その他の事業」を行う場合には、事業計画書や活動予算書も別に作成しなくてはならなかったり、制限もあります。本来の活動で収益を上げていけるのであれば、そのほうが運営や管理はシンプルです。

一般的に、収益性のある事業はすべて「その他の事業」だと勘違いしているケースが多いようですが、**「その他の事業」とは、収益を生じるかどうかが問題なのではありません。NPO法人としての本来の目的に沿った事業か否かという点が問題になります。**

たとえば、環境問題に取り組むNPO法人が環境に関する書籍を出版して、ベストセラーとなったことで大きな収益を生んだとしても、それは本来の環境保護に関する事業なので、「その他の事業」ではなく、このNPO法人の目的に沿った**「特定非営利活動に関する事業」**ということになります。NPO法人の目的に関連する事業とまったく関係のない収益事業を行う場合でなければ、「その他の事業」の設定はしないのがお勧めです。

● **NPO法人の収益を上げる事業と上げない事業の区分**

NPO法上の区分		収益を上げる事業	それ以外の事業
	特定非営利活動に関する事業＝本来の事業	環境に関する書籍の出版	環境問題の研究
	その他の事業	不動産賃貸業	―

特定非営利活動に関する事業の中にも、収益を上げるものと上げないものがあります。収益を上げるということで、「その他の事業」になるわけではありません

第1章 NPO法人の基礎知識
第2章 NPO法人になるための要件
第3章 NPO法人の概要を決めましょう
第4章 申請書類を作りましょう

1-2 NPO法人をつくるメリットとデメリット

1. NPO法人をつくる3つのメリット

　NPO法人をつくることによって、どんなメリットがあるのでしょうか。また次節では、デメリットについて考えてみることで、本当にNPO法人を設立するべきなのか、もう一度チェックしてみましょう。まずはメリットから見ていきます。

❶ 法人格を得ることができる

　あたりまえなのですが、法人格のない団体を「法人化」することで、**「法人格を取得」**することができます。
　そうすることで、**法人として契約を結ぶことができます。**ですからNPO法人の代表者が変わっても、所有権の移転などが不要となります。
　また、**NPO法人名義で銀行口座をつくることができます。**法人格のない団体の場合でも、一般的に、「法人格のない団体名＋肩書き＋代表者名義」などで、口座をつくることができますが、団体と個人の資産の区分が不明瞭になります。

≪ただし、すぐにはつくれません

　東日本大震災のあと、被災地支援の任意団体が寄付金を募ったところ、振込先が個人名義の口座だったため非難を受けたケースを聞きました。
　その当時、寄付を募って活動したいという方々が、NPO法人の設立相談に来ました。残念ながらNPO法人の場合、設立に時間がかかるので、社団法人を立ち上げ、そちらで寄付を募る形にしました。
　また、その当時ある県庁の担当者と話したときも、被災地支援のNPO法人設立相談はかなり増えたけれど、今のところ申請はないですねと言っていました。法人格を持っていたほうが活動しやすいということだと思いますが、**株式会社や一般社団法人などのように、すぐに付け**

焼刃で設立できるものではない というのが、NPO法人格取得の特徴でもあります。

❷ 社会的信頼が得られる

　NPO法人の一定の情報は、都道府県庁や内閣府のポータルサイト（https://www.npo-homepage.go.jp/）上に公開されています。直接都道府県庁に行けば、より詳細な情報を見ることができます。このような情報公開制度があるため、社会的信頼を得られるといわれています。ただし、社会的信用を得られるかどうかは、NPO法人だからということよりも、やはり各法人の活動内容によってきます。

❸ 税制上のメリットがある

　NPO法人は、法人税法上の収益事業（下表）を行っていれば、その収益事業に対して課税されます。

● 収益事業の種類（法人税法施行令の 34 業種）

1	物品販売業		14	席貸業
2	不動産販売業		15	旅館業
3	金銭貸付業		16	料理店業その他飲食店業
4	物品貸付業		17	周旋業
5	不動産貸付業		18	代理業
6	製造業		19	仲立業
7	通信業		20	問屋業
8	運送業		21	鉱業
9	倉庫業		22	土石採取業
10	請負業		23	浴場業
11	印刷業		24	理容業
12	出版業		25	美容業
13	写真業		26	興行業

（次頁に続く）

27	遊技所業		31	駐車場業
28	遊覧所業		32	信用保証業
29	医療保健業		33	その有する工業所有権そのほかの技術に関する権利または著作権の譲渡または提供を行う事業
30	洋裁、和裁、着物着付け、編物、手芸、料理、理容、美容、茶道、生花、演劇、演芸、舞踊、舞踏、音楽、絵画、書道、写真、工芸、デザイン、自動車操縦もしくは小型船舶の操縦の教授、学校の入学者を選抜するための学力試験に備えるためもしくは学校教育の補習のための学力の教授もしくは公開模擬学力試験を行う事業		34	労働者派遣業

　上記の34業種の事業を行っていれば、課税対象になります。とはいっても実際には、事業規模、継続性などの点で課税されるかどうかの判断が分かれます。

　たとえば、単発でイベントに出店してモノを売ることがあるとします。だからといって、それだけで法人税法上の収益事業である物品販売業を行っていると判断されるということはないでしょう。気になる点があれば、税理士などの専門家に相談することをお勧めします。

　この税法上の収益事業を行っていない場合、法人住民税の均等割について、免除申請をして免除を受けることができます。この点は営利法人との違いになります。

≪登録免許税・消費税・源泉所得税はどうなる？

　また、**登記の際の登録免許税もないので、この点もメリット**になります。しかし、一定以上の売上がある法人は消費税の納税事業所になりますし、従業員を雇用して給与を支払う場合、源泉所得税の納税が必要になるのは会社と変わりません。

1-2 NPO法人をつくるメリットとデメリット

2. NPO法人をつくる3つのデメリット

❶ 年に1回、事業報告を提出しなくてはならない

≪一番のデメリットは、事務が煩雑になること

　会社の場合、事業年度が終われば税務関係の処理をして終わりですが、**NPO法人は都道府県庁への「事業報告」を毎年行わなくてはなりません**。以前は、数年提出せずそのまま……という法人もかなりありましたが、最近は都道府県庁が、運営に対しても厳しい対応をするようになりました。

≪NPOの認証取り消し原因になることもある

　現在は、提出がない法人には初年度から督促の書面が送られることが多いようです（都道府県庁によって異なります）。ちなみに東京都の場合、NPOの認証取り消し原因は、「**3年以上の事業報告未提出**」が圧倒的に多くなっています。ちなみにこの「事業報告」は、実はそれほど大きな負担となるものではありません。この程度の書類を継続して提出できないようであれば、NPO法人の設立はやめたほうがいいでしょう。

❷ 変更があった場合の手続きが面倒

　NPO法人の場合、何か変更があったときは登記を変更するだけではなく、都道府県庁への届け出が必要になります。また定款を変更する場合には、原則として、設立と同じように事業計画書や予算関係の書類を作成し、縦覧期間、審査期間を経て認証を受けることになり、時間がかかります（軽微な内容については、届け出だけですみます）。

❸ 会計書類について

　会計に関しては、会計原則に則った会計処理をしなくてはなりません。
　会社と同じように会計書類をつくってかまわないのですが、NPO法人で気をつけなくてはならないのは、都道府県庁に提出する事業報告としての会計書類は、通常の会計書類とは違う視点でつくらなければなりません。この部分については、できている法人は本当に少ないです。

≪認定NPO法人を目指すなら、最初から高いレベルの会計書類をつくる

　税理士や会計士などに会計処理を依頼しているNPO法人は、その税務申告用の会計書類をそのまま都道府県庁の提出書類として使っていることがほとんどで、都道府県庁側でもその点については、何もいいません。
　ただ、税制上のメリットのある認定NPO法人（203頁参照）を目指す場合には、初年度からある程度のレベルをクリアした会計書類をつくる必要があります。

≪「NPOの新会計基準」に則った会計処理をしていく

　NPO法人の会計処理は、通常の会社の会計書類の作成にプラスアルファで考慮しなくてはならない点がありますが、一般企業より、会計に関しては得意ではないという法人が多いので、「行政の要求基準は高いものの、できているレベルは低い」というのが現状です。
　その問題点を改善するために、平成24年4月に**「NPOの新会計基準」**というガイドラインができました。今までの会計処理も理解して作成できている法人は少ないので、これをどこまでできるようになるのかは微妙なところですが、今後はこの会計基準に則って会計処理をしていくことになります。

≪実際のところ

　このように書くと、NPO法人をつくることに躊躇してしまうかもしれません。都庁の手引きに掲載されている会計関係の説明も、今回の改正を機にかなり細かくなり、こんなにやらなくてはならないの？　と心

配になるかもしれません。

しかし、実際はそこまで綿密なものをつくらなくても大丈夫です（もちろん、つくるに越したことはありません）。きちんと記帳されていて、それに則って会計報告が作成されていれば問題ありません。各所轄庁のポータルサイトなどで、ほかのNPO法人の会計書類を見ることができるので、参考にしてみるとよいでしょう。

❹ そのほかのデメリット

原則として、法人を登記すると法人住民税が課税されます。ただ、メリットの❸（29頁参照）で記載したとおり、免除申請をすれば非課税になります。また、**法人を解散したときに財産が戻ってきません。**次の中から選定した団体や法人に財産を譲渡しなくてはなりません。

❶ NPO法人
❷ 国または地方公共団体
❸ 公益社団法人または公益財団法人
❹ 私立学校法に規定する学校法人
❺ 社会福祉法に規定する社会福祉法人
❻ 更生保護事業法に規定する更生保護法人

帰属先を定めていない場合や不明確な場合には、国または地方公共団体に譲渡されるか、国庫に帰属されます。

本書でいう「都道府県庁」は、NPO法人の認証を担当する地方自治体をいい、これには都道府県のほかに、指定都市も入ります。

1-3 NPO法人を設立するまでの流れ

1. 全スケジュール

設立の準備から申請まで 36・87 頁参照

❶ 申請書類（案）の作成

❷ 事前相談に行く

❸ 設立総会の開催

❹ 申請書類の作成

❺ 申請書類の提出

申請書の受理から認証（不認証）まで 38・139 頁参照

❻ 縦覧期間

❼ 審査期間

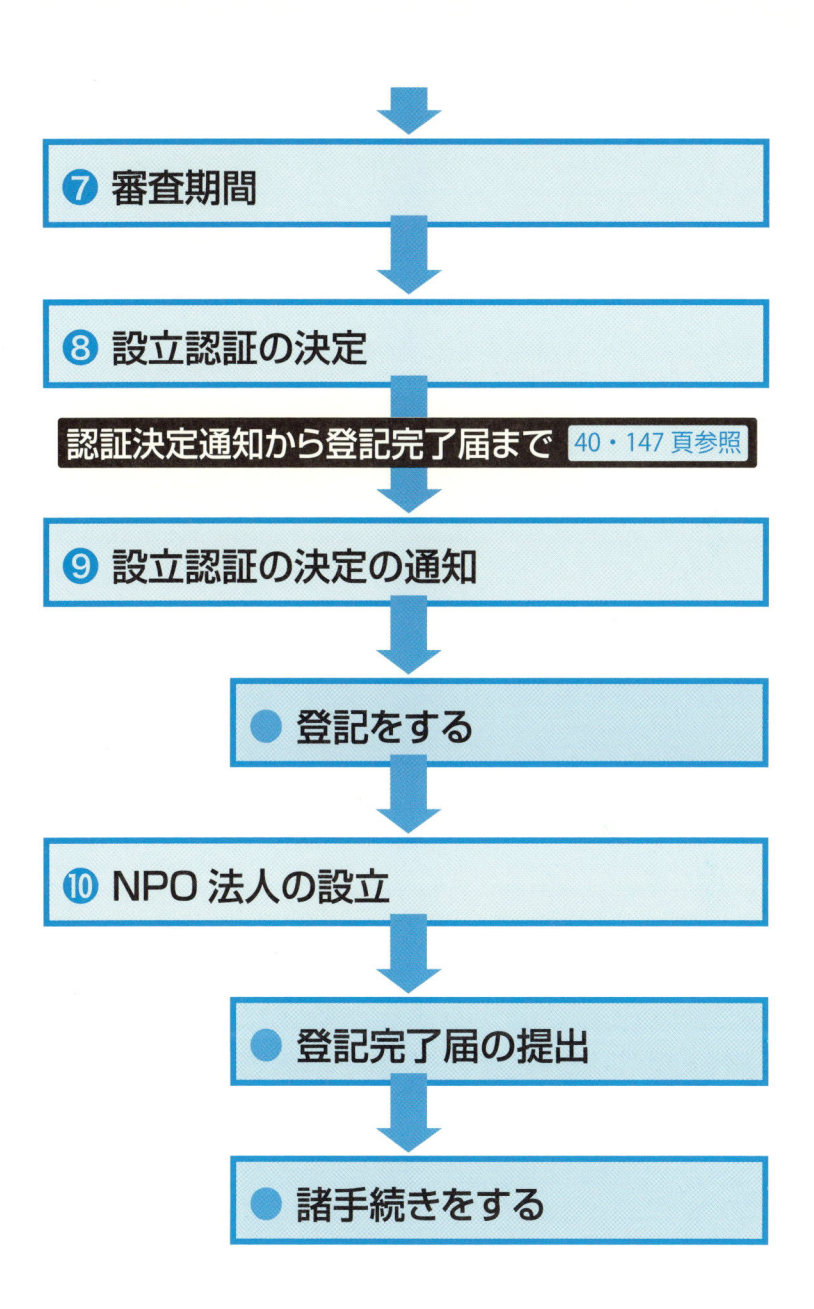

⬇

❽ 設立認証の決定

認証決定通知から登記完了届まで　40・147 頁参照

⬇

❾ 設立認証の決定の通知

⬇

● 登記をする

⬇

❿ NPO 法人の設立

⬇

● 登記完了届の提出

⬇

● 諸手続きをする

第1章　NPO法人の基礎知識

第2章　NPO法人になるための要件

第3章　NPO法人の概要を決めましょう

第4章　申請書類を作りましょう

1-3 NPO法人を設立するまでの流れ

2. 設立の準備から申請までの手順

● 申請が受理されるまでの流れをザッと知っておこう

❶ 申請書類（案）の作成	設立が決まったら申請書類の案を作成します

⬇

❷ 事前相談に行く	都道府県庁の窓口で書類をチェックしてもらいます

⬇

❸ 設立総会の開催	設立総会を開催し、設立の意思決定をします

⬇

❹ 申請書類の作成	最後に申請書類の最終調整をします。押印が必要な書類に印をもらいます

⬇

❺ 申請書類の提出	都道府県庁のNPO法人業務を担当している部署に申請書類を提出します

事前相談を繰り返して書類をつくりあげる

　書類の案が作成できた段階で、都道府県庁のNPO法人業務を担当している部署の相談窓口に事前相談の予約をします。

　事前相談では、都道府県の担当者が、申請にあたってのアドバイスや書類の不備を指摘してくれます。指摘を踏まえて修正し、また事前相談

に行き、また修正ということを繰り返し、申請書類を完成させていきます。

この指摘、修正の繰り返しが大変重要になります。ただ申請に慣れていない人の場合、指摘事項が多く、またその意味が理解できないケースがあるため、時間もかかります。

事前相談まではいくものの、実際に申請受理まで到達する人は一部です。何カ月もかけて受理まで持ち込む人もいれば、途中であきらめてしまう人もたくさんいます。ここが踏ん張りどころなので、本書を参考にがんばってください。

設立総会（前頁❸）は本当に開催しなくてはいけないの？

設立総会は、開催しなくてはいけません。 ただ、その手間を惜しんで、実際は開催しないで、ペーパー上だけで開催したことにして申請するケースも多々あります。

しかし、今まで設立された法人を見て感じるのは、**きちんと設立総会を開催したNPO法人は、設立後も活発で継続的な運営がされている傾向にあります。**

設立総会というとオーバーに聞こえるかもしれませんが、どこかの会議室などを借りて開催する必要などなく、難しく考えずに、近くのカフェでお茶でも飲みながらとか、どこかのレストランで食事をしたり軽くお酒が入りながらでもかまわないので、一度みんなで集まって設立するNPO法人について夢を話しあってみてください。

> 意見の相違を
> 上手にひとつの方向性にまとめるためにも、
> とにかくみんなで集まって、
> ざっくばらんにいろいろ話してみましょう。

1-3 NPO法人を設立するまでの流れ

3. 申請書の受理から認証（不認証）までの手順

● 認証までの流れをザッと知っておこう

| ❶ 縦覧期間 | 一般市民にチェックしてもらう期間です |

↓ 2カ月

| ❷ 審査期間 | 都道府県庁で認証の可否を審査する期間です |

↓ 2カ月以内

| ❸ 設立認証の決定 | 審査が通れば「認証」、通らない場合には「不認証」となり、その通知があります |

❶ 受理されたら、一般市民のチェックを受ける「縦覧期間」

　申請した書類が無事に受理されたら、各都道府県でその旨が「**公告**」されます。公告とは広く一般に知らされることをいい、多くは都道府県の県報、東京都では公報に掲載されます。

　また、受理の日から2カ月間は縦覧期間となり、NPO法人の担当窓口で提出された申請書類を誰でも自由に見ることができます。この期間に一般市民のチェックが入ります。現在はほとんどの都道府県において、インターネット上で縦覧中のNPO法人を見ることができます。窓口まで行かなくても、受理されているNPO法人の申請内容を確認することができます。

この期間にどの程度、一般市民のチェックがあるのかはわかりませんが、都道府県に何か情報が寄せられた場合には、担当窓口で必要に応じて調査を行い、審査の判断材料となります。

❷ いよいよ都道府県庁による「審査期間」

2カ月の縦覧期間が終わったら、そのあと審査期間に入ります。都道府県庁は受理日から4カ月以内、縦覧期間後2カ月以内に審査をしなくてはなりません。審査期間については、条例などで個別に目標期間を定めている県もあり、たとえば千葉県庁では条例を改正し、審査期間を縦覧期間後1カ月としています。このように審査がどのくらいで終わるのかは、都道府県の審査事務の運営状況や混雑具合などでも変わってきます。

不認証になったら

残念ながら不認証となった場合、その理由を記載した書面での通知があります。再度申請をし直すか、不認証について異議がある場合には、**「行政不服審査法に基づく異議申し立て」** を行うことができます。ただ、**一般的には異議申し立てをしても結果を覆すことは難しいうえ、時間もかかるので、速やかに再申請の準備を進めたほうがよい**でしょう。

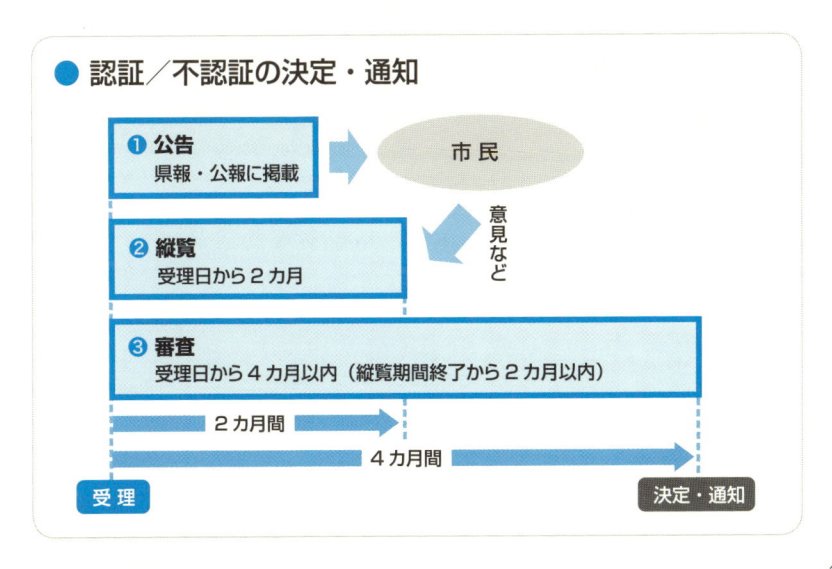

● 認証／不認証の決定・通知

❶ 公告
県報・公報に掲載

市民

意見など

❷ 縦覧
受理日から2カ月

❸ 審査
受理日から4カ月以内（縦覧期間終了から2カ月以内）

2カ月間

4カ月間

受理

決定・通知

1-3 NPO法人を設立するまでの流れ

4. 認証決定通知から登記完了届までの手順

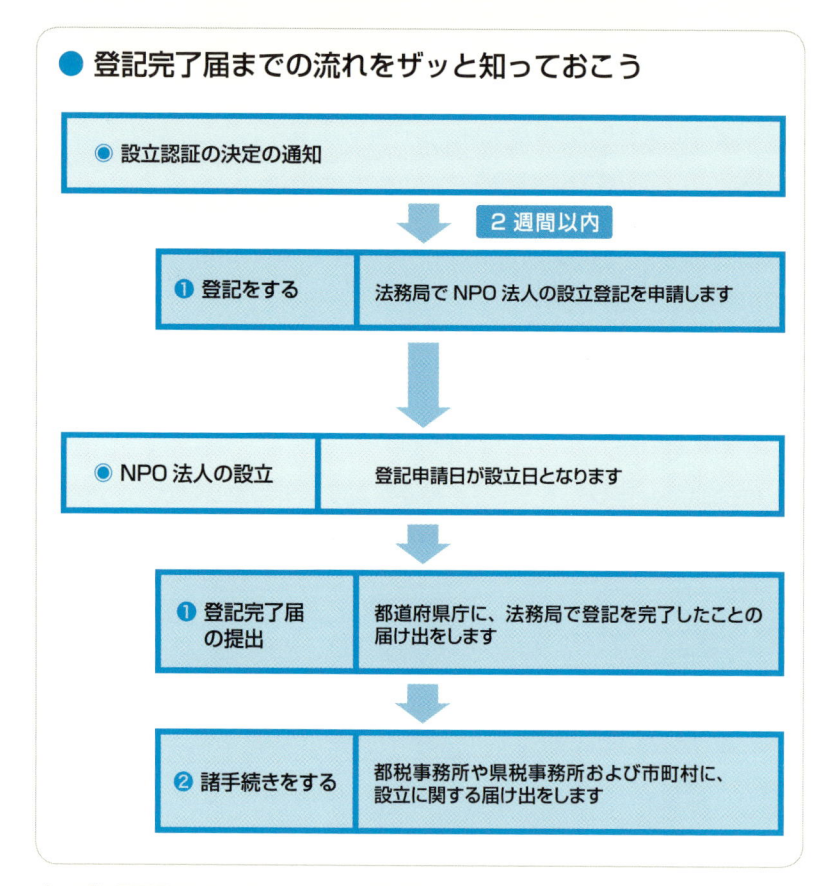

● 登記完了届までの流れをザッと知っておこう

- ◉ 設立認証の決定の通知

  ↓ 2週間以内

- ❶ 登記をする … 法務局でNPO法人の設立登記を申請します

  ↓

- ◉ NPO法人の設立 … 登記申請日が設立日となります

  ↓

- ❶ 登記完了届の提出 … 都道府県庁に、法務局で登記を完了したことの届け出をします

  ↓

- ❷ 諸手続きをする … 都税事務所や県税事務所および市町村に、設立に関する届け出をします

無事認証されたら登記をしましょう

　審査が終了し、無事認証となったら**「認証書」**（147頁参照）をもらいます。通常は郵送されてきますが、窓口まで受け取りに行かなくてはならない県もあり、各都道府県によって異なります。

認証書を受け取ったら、その**認証書が到達した日から２週間以内に**、法人設立の登記を行います。この登記が完了してはじめて、NPO法人が誕生します。

登記完了届を提出しましょう

　登記が完了したら、法務局で「登記事項証明書」を取得できるようになります。この**登記事項証明書を添付したうえで、都道府県庁に「設立登記完了届出書」を提出します**。都道府県庁から認証書が届いただけでは法人は成立していません。

　登記完了届はつい忘れがちなので、注意してください。これは**登記事項証明書を提出することにより、きちんと「NPO法人」となったことを都道府県庁に報告する**意味があります。

　法務局できちんと登記をしたのだから、都道府県庁も同じ行政機関だから把握しているのではないのか、わざわざ謄本を提出しなくてもいいじゃないかと思うかもしれません。

　しかし、都道府県庁は都道府県庁の業務の範囲まで、登記のことは法務局、税務のことは税務署と、はっきり業務が分かれています。実際に、都道府県庁の人に聞いても、登記のことはわからないので法務局に聞いてください、税務は税務署に聞いてくださいというのが一律の回答です。

　都道府県庁の窓口まで質問に来て、そのように回答されてそのまま帰る人を何人も見かけたことがあります。都道府県庁の窓口でNPO法人の手続きのすべてがわかるわけではないので、この点は注意してください。

　ほかに、法人として税務関係などについて事業所開設に関する諸手続き（175頁参照）を行います。この手続きが完了して、ひと段落です。

> 都道府県庁の担当窓口に、「登記事項証明書」と「設立登記完了届出書」を提出して、やっとNPO法人設立となるのね。

第1章　NPO法人の基礎知識
第2章　NPO法人になるための要件
第3章　NPO法人の概要を決めましょう
第4章　申請書類を作りましょう

1-4 NPO法人の審査の実情

1. 道府県庁の担当部署に事前相談に行く（東京都以外の場合）

受理に持っていくことが一番大変

受理されてから、認証まではスムーズに進みます。実は、一番大変なのが受理に至るまでの過程なのです。次の手順を経て、一連の審査の流れに入ることができます。

❶ 担当部署に事前相談の予約を入れ、申請書類をチェックしてもらう
❷ そこで修正点などについて、細かく指摘される
❸ その指示に沿って訂正して、再度相談予約を入れる
❹ そして、また指摘されて修正し、予約を入れチェックを受ける
❺ 受理できるレベルの書類になれば、めでたく受理される
❻ 縦覧期間（38頁参照）になる
❼ 審査期間（39頁参照）へ

❷〜❹を何度も繰り返す

　この事前相談を繰り返して、受理される書類を作成するまでのチェックはかなりシビアです。たくさんの指摘や修正を受け、途中で挫折してしまうケースも多々あります。事前相談の件数と比べて、受理まで到達した法人はかなり少ないというデータを見たことがあります。
　また、事前相談の際に具体的な活動内容について聞かれることがあります。内容によっては「NPO法人じゃなくてもよいのではないですか？」と言われることもあるかもしれません。そのときに、どうしてNPO法人なのか、その活動がどのように社会に貢献するのかなど、しっ

かり説明できるように、頭の中でデモンストレーションをしておきましょう。

事前相談に行くタイミング

　NPO法人設立にあたって、37頁で説明した「設立総会」を開催しますが、事前相談は総会を開催する前に行うように指示する都道府県庁があります。なぜかというと、設立総会では定款や事業計画書、活動予算書を承認しますが、それが事前相談を受けて、大きく修正することになって変わってしまうと、総会を開催した意味がなくなってしまうからです。

　各都道府県庁の流れは、それぞれのサイトで確認しましょう。

もちろん行政書士だって事前相談に行く

　行政書士が申請書類を作成する場合にも、担当部署に事前相談の予約を入れて折衝のうえ申請します。その際に、ほかの事前相談に来た人の様子を観察することができます。「言っている意味がわからない」「まったく、役所は融通が利かない」「何で、何度も来させて面倒なことをさせるのか、通す気がないのか！」などと怒っているケースがあります。**NPO法人の認証の審査は書面審査なので、行政の要求するラインをクリアしないと、たとえ受理されたとしても「不認証」になってしまいます。**

　融通が利かないと怒っても、だからといって融通の利く審査となれば、公平性が担保されていないことになるので、逆に怖くなります。

　せっかく審査が通るように指摘してくれているのに、文句を言ってもしかたありません。

> 自分でやると決めたなら、
> 何度でもやり直して、
> 受理まで持っていけるように
> がんばりましょう。

1-4 NPO法人の審査の実情

2. 都道府県庁の担当部署に事前相談に行く（東京都の場合）

東京都の事前審査は民間業者が担当

　東京都も事前相談を行っていますが、**相談を担当するのは委託された民間業者になるので、相談内容は形式的なチェックだけで、内容の適否は見てもらえません。**

　東京都は申請件数が多いので、とりあえず一定の書式が整っていればどんどん受けつけてくれます。ただし、申請された内容については審査段階で精査するという方針のようです。つまり、他県のように事前に中身を精査してくれるものではないため、受理されればひと安心というわけにはいきません。そのため、不認証の件数が一番多いのも東京都です。

　不認証のほかにも、申請をいったん取り下げさせて再申請させるケースもあるので、実際には、事実上の不認証はもっと多いと考えられます。

　NPO法人はあくまで書面審査なので、書面が整えば認証されます。だからこそ、その書面の作成が肝心なのです。

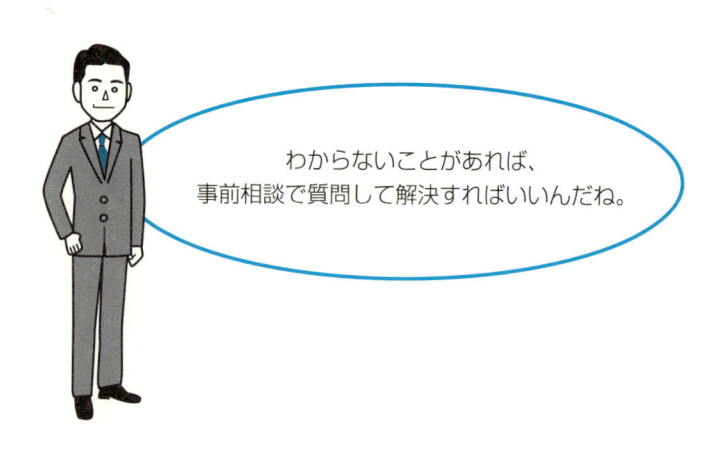

> わからないことがあれば、事前相談で質問して解決すればいいんだね。

1-4 NPO法人の審査の実情

3. 認証率について

基本的にほとんど認証される

気になる審査の実情ですが、認証率を見ると、下記のとおりです。
つまりほとんどの審査が通り、認証されています。これなら大丈夫？と思うかもしれません。確かに、申請書類が受理されればひと安心です。あとはよほどのことがないかぎり、認証の連絡を待つだけといってもよいかもしれません。

● 認証申請受理数・認証数（所轄庁別）

（平成25年4月30日現在47,636法人・累計）

所轄庁名	申請受理数（含申請中）	認証法人数	不認証数	解散数	認証取消数
北海道	1,145	1,137	0	228	47
青森県	386	383	0	83	5
岩手県	464	459	0	85	5
宮城県	370	367	0	103	3
秋田県	350	347	0	27	1
山形県	414	408	1	53	3
福島県	845	831	1	79	1
茨城県	755	748	0	137	27
栃木県	592	587	0	94	1
群馬県	838	825	1	159	37
埼玉県	1,662	1,642	3	320	25
千葉県	1,625	1,597	2	380	143
東京都	10,371	9,385	768	2,272	916
神奈川県	1,442	1,423	1	450	91
新潟県	425	420	2	72	1

（次頁に続く）

所轄庁名	申請受理数(含申請中)	認証法人数	不認証数	解散数	認証取消数
富山県	361	358	0	33	0
石川県	347	343	1	74	9
福井県	255	250	0	48	0
山梨県	437	434	1	40	0
長野県	961	957	0	167	18
岐阜県	778	769	2	102	2
静岡県	695	687	1	133	25
愛知県	1,072	1,046	0	232	23
三重県	687	683	2	173	30
滋賀県	586	580	1	121	40
京都府	519	511	0	133	12
大阪府	1,700	1,688	4	541	89
兵庫県	1,361	1,334	3	262	32
奈良県	528	517	0	39	0
和歌山県	382	375	0	73	0
鳥取県	259	257	0	26	0
島根県	274	273	0	41	0
岡山県	446	437	1	96	18
広島県	467	457	3	131	13
山口県	435	425	1	79	13
徳島県	337	334	0	26	0
香川県	358	349	2	60	3
愛媛県	437	431	0	67	1
高知県	319	318	0	51	0
福岡県	848	822	1	260	54
佐賀県	366	360	1	54	2
長崎県	465	460	0	119	14
熊本県	392	380	2	93	4
大分県	515	508	1	124	44
宮崎県	420	417	0	70	27
鹿児島県	863	852	0	119	8
沖縄県	605	601	0	85	15
都道府県計	40,159	38,772	806	8,214	1,802

所轄庁名	申請受理数 (含申請中)	認証 法人数	不認証数	解散数	認証取消数
札幌市	929	921	0	139	72
仙台市	416	414	0	27	0
さいたま市	386	379	0	42	1
千葉市	370	366	1	53	15
横浜市	1,425	1,404	0	122	14
川崎市	356	345	0	38	5
相模原市	193	193	0	10	0
新潟市	243	238	0	20	0
静岡市	313	311	0	33	8
浜松市	248	245	0	11	3
名古屋市	806	789	0	90	16
京都市	824	807	0	79	0
大阪市	1,586	1,553	1	239	89
堺市	259	255	0	43	15
神戸市	762	745	1	106	21
岡山市	320	315	0	19	0
広島市	386	383	1	47	11
北九州市	291	284	0	44	22
福岡市	709	638	0	108	47
熊本市	337	334	0	30	0
指定都市計	11,159	10,919	4	1,300	339
全国計	51,318	49,691	810	9,514	2,141

【参考：内閣府 NPO ホームページ＞ NPO 法人ポータルサイト＞ NPO 法人の申請受理数・認証数（https://www.npo-homepage.go.jp/portalsite/syokatsutyobetsu_ninshou.html）】

申請書が受理されれば、
不認証はほとんどありません（東京都を除く）。

月	日	☐
月	日	☐
月	日	☐

この章の中で、何月何日に●●●をしようと決めたらここに書き込んで、実際にやったらチェックを入れましょう。

第2章 NPO法人になるための要件

NPO法人として認証を受けるためには、法律が要求するさまざまな要件を満たす必要があります。

実質的な要件は審査期間に審査されますが、形式的な要件が整っていなければ、書類の受理さえしてもらえません。

そして、この要件は最初の申請時だけではなく、NPO法人の設立後もクリアし続けていなくてはならないものです。

ここでは具体的にどのような要件があるのか見ていきます。

2-1 やりたいことは何ですか？

1. 特定非営利活動20分野に該当しますか？

メインの活動は20分野の中から選びます

特定非営利活動とは、NPO法で定める20のいずれかの活動を行っていて、かつ不特定多数の人たちの利益の増進に寄与する活動をいいます。

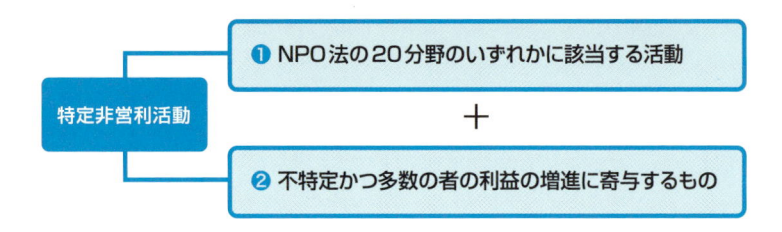

```
                ┌─ ❶ NPO法の20分野のいずれかに該当する活動
特定非営利活動 ─┤              ＋
                └─ ❷ 不特定かつ多数の者の利益の増進に寄与するもの
```

この2つの意味を説明していきます。まず、20分野の活動については次のようになります。

● **NPO法で定める20分野**

活動分野	例
❶ 保健、医療または福祉の増進を図る活動	介護事業所、障害福祉関連
❷ 社会教育の推進を図る活動	動物愛護活動、生涯学習
❸ まちづくりの推進を図る活動	商店街の活性化
❹ 観光の振興を図る活動	地域観光資源の発掘、PR
❺ 農山漁村または中山間地域の振興を図る活動	耕作放棄地の活用
❻ 学術、文化、芸術またはスポーツの振興を図る活動	文化財の保存、少年サッカーチーム

活動分野	例
⑦ 環境の保全を図る活動	環境問題への取り組み、リサイクル活動
⑧ 災害救援活動	被災地への支援
⑨ 地域安全活動	地域パトロール
⑩ 人権の擁護または平和の推進を図る活動	戦争の体験を語りつぐ活動
⑪ 国際協力の活動	海外の貧しい地域への支援
⑫ 男女共同参画社会の形成の促進を図る活動	女性の権利、地位向上に関する活動
⑬ 子どもの健全育成を図る活動	学童保育、保育所、託児所、子育て支援
⑭ 情報化社会の発展を図る活動	書籍のデジタル化、情報通信教育
⑮ 科学技術の振興を図る活動	科学技術分野の学会活動
⑯ 経済活動の活性化を図る活動	コンサルティング、起業家育成
⑰ 職業能力の開発または雇用機会の拡充を支援する活動	職業訓練、就職のサポート、キャリアカウンセリング
⑱ 消費者の保護を図る活動	商品の安全などの研究、消費者問題に関する情報提供
⑲ 前各号に掲げる活動を行う団体の運営または活動に関する連絡、助言または援助の活動	
⑳ 前各号に掲げる活動に準ずる活動として、都道府県または指定都市の条例で定める活動	

　この中で、どの分野でもかまわないので、1つ該当するものがあれば要件はクリアします。
　該当するかどうかの判断基準については、過去に国会で「常識的に含まれると考えられるものは、積極的に含まれると扱う」という解釈が答弁されています。ですから、常識的に含むだろうと思われるものであれば大丈夫です。
　また、NPO法では、この「**特定非営利活動を行うことを主たる目的**

とし」と記されています。

　主たる目的かどうかは、事業計画書や活動予算書などから総合的に判断されます。

特定非営利活動20分野の選び方

　では、どのように20分野の中から選べばよいのでしょうか。**20分野の中から該当するものをたくさん選んだほうがいいと考える人もいますが、実は1つあれば十分**です。

　たとえば、「過疎化の進んだ地方の活性化のために、その地域の文化や特産物を紹介したり、イベントを開催する法人」だったら、活動分野は「まちづくりの推進」「観光の振興」「農山漁村または中山間地域の振興」もあてはまりそうですし、文化の部分をクローズアップすれば「学術、文化、芸術またはスポーツの振興」でもいいかもしれません。

　また、その地方の豊かな自然に思いを馳せれば「環境の保全を図る活動」、地域のための活動をすることで、「経済活動の活性化を図る活動」でもあてはまりそうです。だからといって、これらを全部選んだのでは意味がありません。

　一番メインとなる目的を考えて、それに沿ったものをピックアップするようにします。この例であれば、活動の目的に一番あっている「観光の振興」を選びます。

目的はしぼったほうがつくりやすいです！

2-1 やりたいことは何ですか？

2. それは誰のために行いますか？

不特定多数の人の利益になる

　NPO法には、「不特定かつ多数の者の利益」の増進に寄与することとあります。「特定の人のための利益」となる法人ではダメだということです。たとえば、町内会は町内に住む人が参加し、その町で暮らしやすくするためのものです。ほかの地域に住んでいる人は参加しません。この場合、かぎられた地域の特定の人の利益になる会なので、不特定かつ多数とはいえず、たとえ町内会の活動が非営利活動だとしても、NPO法人の申請要件には該当しません。

提供するサービスが「登録制」の場合は？

　では、特定非営利活動のサービスの提供に関して、何らかの登録が必要な場合などはどのように考えればいいのでしょうか。
　登録者のみにサービスを提供するということは対象を限定していることになり、「不特定多数のため」とはいえないとも思えますが、**登録に関して細かい条件をつけたりせず、誰でも登録できるよう広く門戸が開かれていれば「不特定多数の者の利益」と判断できます。**

提供するサービスの対象が限定されている

　福祉関係の団体が、障害者や子ども、高齢者を対象としたサービスを提供する場合、これはあくまで活動の対象を絞っているだけであって、特定の人へのサービスということにはなりません。ですから、不特定多数のための利益といえます。ただ、不特定多数のためという点は、審査のポイントになるので、目的を決める際には**不特定多数を示すために、「……など広く一般市民に対し」といった文言を入れるといいでしょう。**

2-2 人的な要件について

1. NPO法人にはこれだけの人が必要

　NPOを設立するにあたって、まず「**理事**」と「**監事**」、そして「**社員**」（60頁参照）が必要になります。
　ちなみに、株式会社の従業員にあたる人のことを一般的に「**職員**」と呼びます。

<u>役員は何人必要？</u>

　NPO法人の役員構成は、理事と監事からなります。**理事は3人以上、監事は1人以上置かなくてはなりません。つまり合計4人以上の役員がいることが必須**です。

● **NPO法人の役員構成（4人以上であればOK）**

役員

理事　　　　　　　　　　監事

<u>社員は何人必要？</u>

　NPO法では、**最低10人以上の社員を必要**としています。提出書類の中にも社員名簿があり、10名以上の氏名住所を記載しなくてはなりません。

役員は社員になれる？

社員と役員を兼務することができます。ですから、**役員4名を社員とすれば、ほかに、あと6人のメンバーを集めれば、NPO法人の設立認証申請の社員人数の要件はクリアします。**

≪法人は社員になれるか

法人も社員になることができます。ただ、役員（理事、監事）にはなれません。

● NPO法人の社員と役員

役員
- 杉本有美
- 石田拓郎
- 神田浩市
- 逢沢さゆり

4人

→

社員
- 杉本有美
- 石田拓郎
- 神田浩市
- 逢沢さゆり
- 田中一平
- 青木常幸
- 株式会社中拓 代表取締役 中嶋拓哉
- 柏原幸子
- 小林ひろみ
- 中田秀樹

役員が兼任できます

法人も社員になれます

10人 / 6人

役員が社員を兼任できるから、あと6人いれば、大丈夫なんだね。

2-2 人的な要件について

2. 役員について

理事は何をする人？

　理事は、NPO法人の業務を執行したり、理事会を開催して意思決定を行ったりします。株式会社でいう、取締役のような立場の人たちです。

　株式会社の取締役とNPO法人の理事の違いは、NPO法人の場合、それぞれ単独で代表権を持っていることです。しかし、**一般的には理事の中から代表者を選任し、その人にNPO法人の代表権を集中させています**。なぜなら、理事全員が代表権を持っていると、理事Aと理事Bの行ったことに矛盾がある場合、どちらをこのNPO法人の決定と判断すべきか混乱してしまうからです。

　理事の代表権を制限している場合、登記の際は、代表権を持つ理事1人だけを登記します。

理事の責任

　理事になったら、どんな責任があるのでしょうか。理事は法人から委託を受けて業務執行を行うと考えられるので、善良なる管理者の注意をもって、これにあたります。この義務を怠ってNPO法人に損害を与えた場合、理事はこれを賠償しなくてはなりません。

　また、理事は、届け出、登記、書類の提出を怠るなど、法令に違反する行為があった場合、過料に処せられる場合があります（監事も同様です）。

監事は何をする人？

　監事は、理事を監督したり、法人の財産の状況を監査したりします。法人の業務や財産に関して、不正行為や法令・定款違反を発見した場合、

社員総会または都道府県庁に報告する義務があります。株式会社でいう監査役と同様の立場ですから、独立性が重要になります。**監事は理事を兼務できないばかりか、その法人の職員（社員は可）になることもできません。**

外国人は役員になれる？

　日本在住の外国人、外国在住の外国人も役員になることができます。もちろん、外国在住の日本人も役員になれます。設立認証申請にあたって、役員全員の住民票の提出が必要ですが、外国人の場合、それに代わるものの提出が必要となります。

役員になれない人

　次のNPO法人の役員としての欠格事由に該当する場合、役員になることはできません。

> ❶ 成年被後見人または補佐人
> ❷ 破産者で復権を得ない者
> ❸ 禁固以上の刑に処せられ、その執行を終わった日またはその執行を受けることがなくなった日から2年を経過しない者
> ❹ NPO法、刑法などにより罰金以上の刑に処せられ、その執行を終わった日またはその執行を受けることがなくなった日から2年を経過しない者
> ❺ 暴力団の構成員など
> ❻ 設立の認証を取り消されたNPO法人の解散当時の役員で、設立の認証を取り消された日から2年を経過しない者

　また法人は、NPO法人の役員にはなれません。

親族の制限

　NPO法人の場合、株式会社のように役員を家族や親族といった身内

で固めることはできません。NPO法で、役員になれる親族の数が次のように決められています。

> ❶ 各役員のそれぞれの親族が、1人を超えて役員の中にいてはいけない
> ❷ 役員とその親族をあわせた人数が、役員総数の3分の1を超えてはならない

　あくまでも役員、つまり理事と監事についてなので、社員には親族の制限はなく、誰でも何人でも入れることができます。
　NPO法人の運営が一定の親族の専断で行われないようにするために、このような規定があります。わかりにくい表現ですが、**役員が6人以上いる場合、それぞれの役員につき、配偶者または3親等以内の親族を1人だけ役員に加えることができる**ということです。
　制限がかかる親族は、配偶者と三親等以内です（次頁図参照）。それ以外の遠い親戚などは関係ありません。

役員の報酬

　役員報酬を受けることができるのは、役員の総数の3分の1以下でなくてはなりません。NPO法人を設立できる最低の役員の人数が4名ですから、この場合1人しか役員報酬を受け取ることができません。

● 役員の人数によって役員報酬が受けられる人数が決まる

> ● 役員4～5人 ⇒ 役員報酬1人
> ● 役員6～8人 ⇒ 役員報酬2人
> ● 役員9～11人⇒ 役員報酬3人

となると、役員はすべてボランティア？

　役員報酬を受け取れるのが役員の総数の3分の1以下の人数となると、役員は報酬を受けられないのか？　と心配してしまうかもしれません

が、安心してください。これは、あくまで役員報酬の話で、役員であっても労務の対価としての賃金は受け取ることができます。

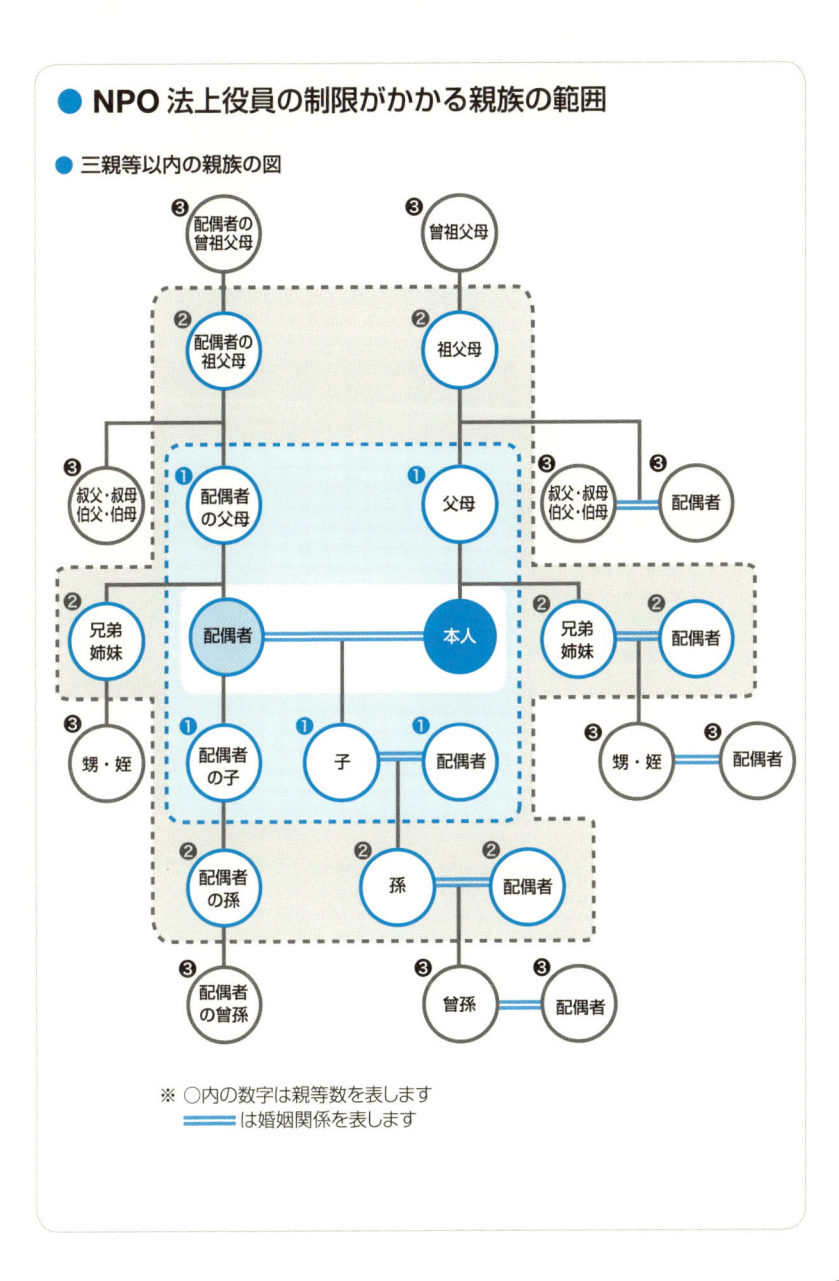

● **NPO法上役員の制限がかかる親族の範囲**

● 三親等以内の親族の図

```
                    ❸              ❸
                 配偶者の          曾祖父母
                 曾祖父母
                    |                |
                    ❷              ❷
                 配偶者の           祖父母
                  祖父母
          ┌─────────┤                ├─────────┐
          ❸        ❶              ❶         ❸         ❸
       叔父・叔母  配偶者の         父母      叔父・叔母  配偶者
       伯父・伯母  の父母                    伯父・伯母
          |        |                |          |
          ❷                                    ❷
        兄弟      配偶者 ══════════ 本人      兄弟       配偶者
        姉妹                                  姉妹
          |                                    |
          ❸        ❶        ❶      ❶         ❸        ❸
         甥・姪  配偶者の     子     配偶者    甥・姪    配偶者
                  の子
                    |        |        |
                    ❷       ❷       ❷
                 配偶者の    孫 ═══ 配偶者
                   孫
                    |        |
                    ❸       ❸       ❸
                 配偶者の   曾孫    配偶者
                  曾孫
```

※ ○内の数字は親等数を表します
　═══ は婚姻関係を表します

第1章　NPO法人の基礎知識

第2章　NPO法人になるための要件

第3章　NPO法人の概要を決めましょう

第4章　申請書類を作りましょう

59

2-2 人的な要件について

3. 社員について

NPO法人の社員は株式会社の会社員と同じ意味？

　NPO法人の設立で出てくる言葉の中で、最も誤解が多いのが「**社員**」です。ここでいう社員とは、会社員、従業員の社員の意味ではありません。

　NPO法人は社員が必要ということを聞き、人を必ず雇わなくてはならないと勘違いしてしまうケースがありますが、そういう意味ではありません。

　「社員」とは社員総会で議決権を持つ人をいい、NPO法人の構成メンバーという意味です。

　株式会社でいえば、株主の地位に似ています。「株主」は株主総会で議決権を持って、その会社の重要事項を決定していきます。「社員」もNPO法人のメンバーであり、社員総会で議決権を持ってそのNPO法人の重要事項を決定していくからです。

　いわゆる株式会社の会社員はNPO法人では「職員」と呼ぶことが多いです。

親族は社員にもなれないの？

　役員と同じように、社員にも親族の制限があるのでしょうか？

　社員に関しては、親族の制限はありません。役員の中に親族を入れるにはいろいろ制限がありますが、社員については何もないため、役員は他人を集めたが、役員以外の社員は、理事長の配偶者、子どもなどの親族で占められている……ということもあります。もちろんそれで、問題ありません。

2-3 NPO法人になるための要件

1. そのほかのNPO法人になるための要件

❶「営利」を目的としてはダメ！

　NPO法人は非営利である……といわれています。ただ、この非営利という表現が19頁で説明したように誤解を生みやすいので、もう一度整理しておきます。

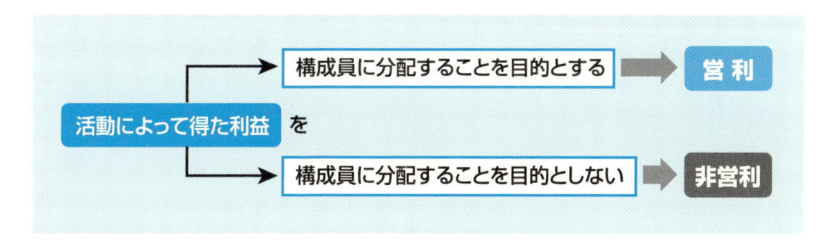

```
活動によって得た利益 を ┬─ 構成員に分配することを目的とする    ⇒ 営利
                     └─ 構成員に分配することを目的としない ⇒ 非営利
```

　非営利とはボランティアではなく、活動の収益から、必要経費や人件費を差し引いて残ったものがあれば、仲間に分けずに、その活動のために使うということです。勘違いをしないで、収益を上げていきましょう。

❷「宗教」を目的としてはダメ！

　宗教団体が法人格を取得するには、NPO法ではなく宗教法人法によって取得します。ですから**NPO法では、宗教団体によるNPO法人の設立を禁止しています。**ただし、そのNPO法人のほとんどのメンバーをある宗教法人の信者が占めていたとしても、教義を広めることを目的としていないのであれば、このNPO法人は、問題なく認証されます。
　たとえば、○○という宗教団体の人たちが、地域ボランティアの活動をするNPO法人を立ち上げようという場合、あくまでも○○という宗教団体の布教が目的ではないので、NPO法人の設立は可能です。

❸「政治」を目的としてはダメ！

　政治的な主義を推進したり、指示したり、また何かの政治的な主義主張に対して反対をすることなどを主な目的とすることはできません。
　とはいっても、たとえば自然環境保護、過疎地域の振興、児童虐待の防止施策など、さまざまな活動には政治を通じて実現されるものがあります。こういった個別具体的なことに対して、意見を表明することができないということではありません。

❹「政治家への支援」などを目的としてはダメ！

　特定の公職者や候補者を支援したり、または反対するなど、政治的な支持活動などを主な目的とすることはできません。だからといって、ある政治家の後援会がNPO法人を設立できないということではありません。
　たとえば、その政治家の主な選挙区域の地域の発展のための施策を考え、勉強会を開催したり、地域活性化の活動をすることを目的として法人をつくることは可能です。実際に、私もある政治家のNPO法人を設立したことがあります。政治活動をするわけではないので、問題なく認証されました。

❺ NPO法人の目的と関係のない事業もできるが、本来の事業に支障が出たらダメ！

　NPO法人は本来の事業に加えて、「その他の事業」として、そのNPO法人の目的と関係のない事業を行うことができます。ただ、その事業から得た利益は本来の事業のために使わなくてはなりません。また、その他の事業は本来の事業に支障がない範囲で行います。つまり、**本来の事業の目的を達成するための活動資金をつくるために行うなら許される**というイメージで考えてください。その他の事業の活動がメインで本

来の事業の割合が少なければ、認証されません。

❻「暴力団」はダメ！

　暴力団がNPO法人を設立して、それを隠れ蓑に活動をすることができないようNPO法で規制されています。暴力団ではないこと。または、暴力団、暴力団の構成員、暴力団の構成員ではなくなった日から5年を経過していない人の統制下にある団体ではないことが必要です。

❼ 特定の個人、法人、団体などの利益を目的として事業を行ってはダメ！

　不特定多数の者の利益となることを目的としなくてはなりません。ですから、特定の個人などの利益を目的とすることはNPO法の趣旨に反します。

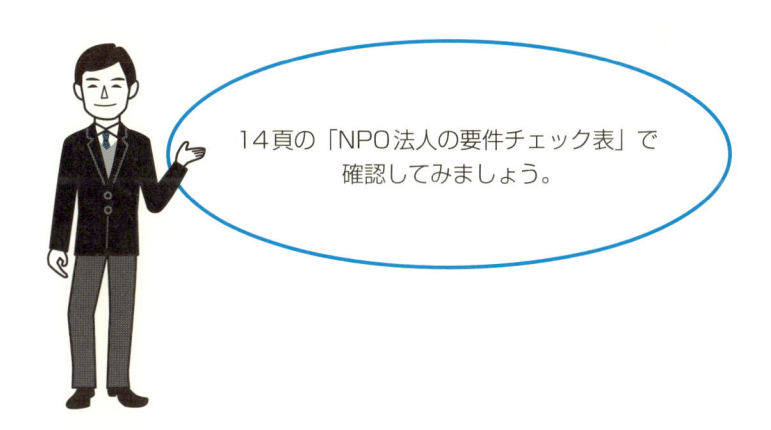

14頁の「NPO法人の要件チェック表」で確認してみましょう。

2-4 そのほかの要件

1. 会計の原則を守る

正規の簿記の原則って何だ？

　NPO法人も会社と同じ法人格ですから、運営においては日々の取引を記帳し、会計書類を作成していかなくてはなりません。

　取引記録は、客観的に証明可能な証拠によって作成します。そして、記録、計算が明瞭で正確に行われ、体系的に整然と整理されている必要があります。

毎年、計算書類の作成を行う

　NPO法人は、「**財産目録**」（185頁参照）「**貸借対照表**」（184頁参照）「**活動計算書**」（183頁参照）を作成し、都道府県庁に提出することになっています。

　「**損益計算書**」は必要ありませんが、法人税法上の収益事業を行う場合には、税務署に提出が必要なので作成します。

会計書類の作成基準は変えない

　NPO法において、採用する会計処理の基準および手続きについては毎事業年度継続して適用し、みだりにこれを変更しないことと規定されています。

　NPO法人は情報公開により、その活動が市民の目によるチェックを受けることになっています。でも、公開している情報が信用に値しない、またはわかりにくいものであっては意味がありません。そこで、会計処理の基準や手続きをコロコロと変えないようにし、毎年同じ手続きで行うようにします。

この章の中で、何月何日に●●●をしようと決めたらここに書き込んで、実際にやったらチェックを入れましょう。

月　日 _____ ☐
月　日 _____ ☐
月　日 _____ ☐

第3章

NPO法人の概要を決めましょう

前章でNPO法人になるためのさまざまな要件を説明しました。

みなさんの設立しようとするNPO法人は、この要件をクリアしていましたか？

要件を確認し、設立することを決定したら、今度は概要を決めていきます。

申請書類を作成していくための拠りどころになるので、より具体的に考えていきましょう。

チェックシートがしっかり埋まれば、書類作成が楽になります。

どんなNPO法人をつくるのか、そしてどんな活動をしていくのかを、設立メンバーとよく話しあうといいでしょう。

3-1 チェックシートを用意しよう

1. NPO法人設立チェックシートと準備をするもの

チェックシートをコピーしよう

　設立の段階では、まず、2種類のチェックシートを埋めてみましょう。次節から、各項目の詳細について説明していきます。

　まずは、必要な事項を漏れなく決めていけるように、次の3種類のチェックシート、「決定事項チェックシート ❶」「決定事項チェックシート ❷」「決定事項チェックシート ❸」を用意したので、A4サイズに拡大コピー（140%）して、ご使用ください。

> チェックシート❶：NPO法人の組織の概要を決めていくためのものです
> チェックシート❷：どうしてNPO法人にしたいのかということを説明する「設立趣旨書」をつくるための材料になります
> チェックシート❸：NPO法人の事業計画書をつくるために、具体的にどのような活動をするのか考えるためのものです

チェックシートのほかに準備をしておくもの

　準備をしておくものは、東京都への申請の場合、「**役員全員の住民票**」です。横浜市や千葉県などは、住民基本台帳ネットで調べてくれるので、各役員の同意があれば住民票を取らなくても大丈夫ですが、もちろん、住民票を用意して提出してもかまいません。

　役員とは、あくまで理事、監事までのことをいいます。つまり、社員の住民票は不要です。よく間違えて社員の分まで取得しているケースがありますが、無駄になってしまうので注意しましょう。

　申請の際、印鑑は個人のものが必要ですが、すべて認め印で大丈夫です。法人印は申請時には使わないので、まだ準備しなくてかまいません。

● 決定事項チェックシート ❶

チェックシート			
名 称	法人格名称（特定非営利活動法人）はつけなくてもよく、つける場合、前後どちらでもかまいません		
所在地住所			
所在地電話番号		所在地FAX	
会 員	会員の種類【例】正会員、準会員、賛助会員等（正会員は通常、総会で議決権を有する会員を意味します）		
^	会員の種類	入会金	会費（年or月）
^	正会員		
^	賛助会員		
社 員	氏 名		住 所	
^	1（代表）			
^	2			
^	3			
^	4			
^	5			
^	6			
^	7			
^	8			
^	9			
^	10			
役 員	社員の中から理事は3人以上（その中で理事長と副理事長を選びます）　監事は1人以上選びます				
^	種別	役職（代表、副）	氏 名	読み仮名	役員報酬の有無
^	理 事	理事長			
^	^	副理事長			
^	^	理事			
^	監 事	監事			
理事長電話番号		理事長FAX	
事業年度	月　　日　～　　月　　日		
法で定める20の活動	20分野の活動	該当に〇印
^	1. 保健・医療または福祉の増進を図る活動	
^	2. 社会教育の推進を図る活動	
^	3. まちづくりの推進を図る活動	
^	4. 観光の振興を図る活動	
^	5. 農山漁村または中山間地域の振興を図る活動	
^	6. 学術、文化、芸術またはスポーツの振興を図る活動	
^	7. 環境の保全を図る活動	
^	8. 災害救助活動	
^	9. 地域安全活動	
^	10. 人権の擁護または平和の推進を図る活動	
^	11. 国際協力の活動	
^	12. 男女共同参画社会の形成の促進を図る活動	
^	13. 子どもの健全育成を図る活動	
^	14. 情報化社会の発展を図る活動	
^	15. 科学技術の振興を図る活動	
^	16. 経済活動の活性化を図る活動	
^	17. 職業能力の開発または雇用機会の拡充を支援する活動	
^	18. 消費者の保護を図る活動	
^	19. 前各号に掲げる活動を行う団体の運営または活動に関する連絡、助言または援助の活動	
^	20. 前各号に掲げる活動に準ずる活動として、都道府県または指定都市の条例で定める活動（東京は、該当なし）	

第1章　NPO法人の基礎知識

第2章　NPO法人になるための要件

第3章　NPO法人の概要を決めましょう

第4章　申請書類を作りましょう

● 決定事項チェックシート ❷

設立趣旨　チェックシート	
設立を考えるに至った現在の社会の現状、背景、問題、原因	
現在の状況や問題点やその原因など	
どのようにすれば解決するか、何をすべきか	
コンセプトの決定	
具体的なニーズについて	
これまでの活動実績や培ってきた技術など	

⬇

NPO化して行うこと、貢献できること、本法人の特徴	
今後の活動への決意表明	

● 決定事項チェックシート ❸

目 的
※ 法人の事業活動が社会にもたらす効果や法人としての最終目標を具体的かつ明確に伝わるように記載します。 【例】「この法人は○○に対して、△△（NPO活動に係る事業）を行い、□□に寄与することを目的とする」

事業の種類	
※ 具体的にどんな事業を行うのかを記入してください。 【例】高齢者向けのパソコン教室開催による再就職支援事業 【例】セミナー開催による自然環境教育事業 NPO活動の目的を達成するための事業は収入を得ても、すべてNPO事業になります。	
①	事 業
②	事 業
③	事 業
④	事 業
⑤	事 業
⑥	事 業

具体的な事業内容

事業の種類（上記で記載した項目の番号）	事業内容（具体的な内容：○○にて○○を行う）	実施予定日（○年○月、または、夏、冬などでも結構です）	実施予定場所	NPO側参加予定人数	受益対象者の範囲と予定人数	支出見込み（人件費や、交通費などこの事業にかかる全ての費用）	収入見込み
						円	円
						円	円
						円	円
						円	円
						円	円
						円	円
						円	円

3-2 チェックシートを埋めてみよう

1. NPO法人の名称の決め方

法人名称は基本的には何でもかまわない

　一般的に、名称には「特定非営利活動法人」または「NPO法人」という文言を入れます。実は、この法人格の名称はつけなくてもかまいません。

　NPO法人という名称は、認証を得た法人でないと使えないので、ほかの法人格のない団体と区別するためにも、せっかくですから入れることをお勧めします。名称の頭につけても、末尾につけてもかまいません。

≪使用できる文字は決まっている

　表記は日本文字のほかに、ローマ字、漢数字、アラビア数字、記号なども使用することができます。

● 登記に用いることのできる符号

アンパサンド	&
アポストロフィー	'
コンマ	,
ハイフン	-
ピリオド	.
中点	・

似た名前、同じ名前は避ける

　法律上の制限ではありませんが、同じ名前の法人があると、活動に混乱が生じる恐れがあります。念のために、自分の考えている法人名称を使っている法人があるか、調べておきましょう。

内閣府に全国のNPO法人の情報をアップしているサイト（内閣府NPOホームページ）があるので、そこで検索をしてみて、同じ名前、似た名前の法人がないか確認してみます。ひらがなとカタカナでも検索結果が違ってくるので、いろいろと試してみましょう。

全国特定非営利活動法人情報の検索

https://www.npo-homepage.go.jp/portalsite.html

または各都道府県庁のNPO法人関係のサイトにもアップされています。

東京都NPOポータルサイト

http://www.npo.metro.tokyo.jp/

似た名前を使ってはいけないということはありませんが、そのNPO法人が有名な法人だったりすると、一般の人がその有名な法人の活動と混同してしまいます。そのような事態が生じれば、トラブルのもとになる可能性があります。これとは逆に、あまり評判のよくないNPO法人と似た名前をつけようとしているケースだったら、その法人の活動と混同されてしまうと、イメージダウンにつながる恐れがあります。そういったことも考慮して、検討しましょう。

≪言いやすくて、書きやすい名前がいい

また、あまり言いにくい名前、長い名前などはやめたほうがいいかもしれません。

長い名前だと書きにくくて大変だったり、また、**せっかくかっこいい名前を考えてみても、かえって一般の人には取っ付きにくいとか、わかりにくい名前だという印象を与えてしまいます。**

最初にしゃれたかっこいい名前をつけたのですが、あとになって、もう少し親しみのあるわかりやすい名前にしたいという希望で、変更したケースもありました。

本書では、ボランティア型の、動物愛護活動を行うNPO法人の設立をサンプルにして、申請書類を作成していきます。

● **決定事項チェックシート❶に名称を書く**

チェックシート	
名　称	法人格名称（特定非営利活動法人）はつけなくてもよく、つける場合、前後どちらでもかまいません
	NPO法人One＆にゃんサポート協会

まとめ

- 法人名は、シンプルでわかりやすく、親しみを持ってもらいやすいものにする

どんな名前の法人があるか、内閣府のポータルサイト（https://www.npo-homepage.go.jp/portalsite.html）で検索してみると参考になります。

3-2 チェックシートを埋めてみよう

2. 主たる事務所を置く場所が所在地

主たる事務所をどこに置くか決定する

　NPO法人の設立が完了したら、その場所を登記することになります。主たる事務所は、実際に事業を行う場所でもいいですし、理事や理事長の自宅などでもかまいません。できれば、あまり変更のないところのほうがいいでしょう。

　なぜなら、変更があった場合に、その都度、都道府県庁、法務局、税務署などへ届け出をしなくてはならないからです。

　また、NPO法人の認証申請中に、何らかの事情で事務所の場所を変更したいということもたまにあります。しかし、いったん申請が受理されてからの変更は、基本的に難しいです。申請を取り下げて、再度、書類をつくり直して申請するか、認証が下りてすべて完了したら、改めて変更の手続きを取ることになります。

≪所在地電話番号、所在地FAX

　所在地が決まったら、あわせて、所在地電話番号、所在地FAXを書きます。

　とはいえ、設立前に電話を引いていない、FAXもないということもあります。その場合は書かなくても大丈夫です。申請の際には、申請者の連絡先があれば基本的に問題ありません。

従たる事務所を置くこともできる

　NPO法人では支店のようなイメージで、従たる事務所を設置することができます。メインの事務所を主たる事務所とし、ほかにも事務所を置く場合は定款にも記載し、その場所の登記もします。

あたりまえのことですが、従たる事務所を置けば、その事務所に関しても登記が必要であったり、法人住民税がかかったりと、負担も増えます。

NPO法人の認証は各都道府県庁で行いますが、認証を受けた所以外でも、全国はもちろん、全世界で活動できます。**ほかの地域で活動するためには、従たる事務所をそこに置かなくてはならないと誤解している人もいますが、不要です。**

内閣府の認証を受けたNPO法人も従たる事務所を廃止

また、平成24年の法改正前には、都道府県庁のほかに内閣府が認証を行っていました。内閣府が認証するのは、2つ以上の都道府県にまたがって事務所を持つ法人です。内閣府認証も普通の認証と何ら変わらないのですが、何となく偉そうな響きがあるので、内閣府の認証を取りたいがため、主たる事務所のほかに、別の都道府県庁にわざわざ従たる事務所を置くというケースがありました。

今は法改正によって、内閣府認証がなくなったので、従たる事務所の設置のニーズも少なくなりました。内閣府の管轄がなくなったこと、また事務の煩雑さや節税の観点から、以前の内閣府管轄の法人でも、従たる事務所を廃止するケースが増えています。

● **決定事項チェックシート❶に所在地住所、所在地電話番号、所在地FAXを書く**

所在地住所	東京都千代田区飯田橋 〇丁目〇番〇号		
所在地電話番号	03-0000-0000	所在地FAX	03-0000-0000

まとめ
● 所在地は基本的に変更の生じないところを設定します

3-2 チェックシートを埋めてみよう

3. 会員の種類と会費の決め方

どの会員が社員なのかを明確にする

　NPO法人を設立するにあたって、複数の会員の種類を決定します。会員の中には、この法人の運営を決定し推進する会員、NPO法人の活動に参加する会員、NPO法人の活動に賛同して援助をする会員などさまざまな会員の設定ができます。

● 会員の種類と意味（例）

種　類	意　味
正会員	この法人の目的に賛同して入会した個人および団体
賛助会員	この法人の目的に賛同し、活動を援助するために入会した個人および団体
一般会員	この法人の目的に賛同して入会し、この法人が行ういずれかの事業に参加する個人および団体
名誉会員	この法人の活動において特別の功績があり、社員総会において推薦された個人
学生会員	この法人の目的に賛同して入会した学生（大学院、大学、短期大学、高等専門学校およびこれに準ずる学校に在籍）

　上記はあくまでもサンプルで、会員の種類はそれぞれのNPO法人が独自で自由に決定できます。
　重要なポイントは、**どの会員が社員か**ということになります。社員とは、NPO法人の構成員で、社員総会で議決権を持つ人のことをいい、法人と雇用関係にある従業員とは異なります。**どの会員が社員に該当するかを明確にしておきましょう。**一般的には正会員を社員とすることが多いです。

収入源が会費なら、しっかり設定する

　会費の設定は自由です。すべて会費0円でもいいですし、NPO法人の収入源を会費で賄うことを考えている場合には、しっかり会費を設定するようにします。

≪❶ 会費を会員ごとに分けるか、一律の会費にするか
　会員ごとに会費を分けて設定する場合、たとえば、援助をしてもらう意味あいが強い賛助会員の会費を高くするなど、会員の種類の特性によって決めていくことができます。規模がそれほど大きくない場合や事務をシンプルにしたい法人は、一律の金額を設定していることもあります。

≪❷ そもそも会費を設定するか
　毎月、毎年の定期的な会費を0円にして、そのNPO法人の活動自体、たとえば主催する講演会やイベントなどの参加費として、会員からその都度集めるということもできます。このやり方のほうがシンプルで、運営しやすい場合もあります。

≪❸ 不当に高くすると入会制限と判断されることも
　NPO法人は、社員となることについて不当な条件をつけてはいけないとされています。一般の人が誰でも活動に参加できることが基本となっているからです。社員の会費設定を不当に高くした場合には、入会の制限と判断されてしまい、審査に影響が出る可能性があるので注意しましょう。

≪❹ 月会費か年会費か
　月会費にするか年会費にするかについては、事務担当者が少ない場合、毎月徴収する手間を考えると、年会費にしたほうが事務手続きを簡素化できます。

≪❺ 弾力的な会費の設定

　会費の設定の方法として、「一律○○円」と決めてしまうのではなく、「一口○○円」として、「○口以上」という設定の方法もあります。
　金額を決めてしまうと、その決まった額を納付することになりますが、寄付的な意味あいで少し多めに納めたいという会員がいる場合には、口数にすれば、あとは自由に金額を決めてもらうことができます。

● 会費 1口5,000円の場合・1口以上

　たとえば、「1口5,000円　1口以上」とすると、最低5,000円を納めればよく、それ以上にするかどうかは、納付する会員側に任されます。
　この場合、基本の会費は1口からスタートし、あとは、順次5,000円ごと上乗せになります。

1口	5,000円
2口	10,000円
3口	15,000円

● 会費 1口1,000円の場合・5口以上

　一方、「1口1,000円　5口以上」とすると、最低5,000円を納めればよいのは同じですが、納付する側は、1,000円刻みで納付額を決定することができるようになるので、より弾力的になります。
　この場合、基本の会費は、5口からスタートし、あとは、順次1,000円ごと上乗せになります。

5口	5,000円
6口	6,000円
7口	7,000円

● 決定事項チェックシート❶に会員の種類、会費を書く

	会員の種類【例】正会員、準会員、賛助会員等（正会員は通常、総会で議決権を有する会員を意味します）		
会員	会員の種類	入会金	会費（年or 月）
	正会員	0	5,000円
	賛助会員	0	1口1,000円　5口以上

3-2 チェックシートを埋めてみよう

4. 役員の決め方

理事は3人以上、監事は1人以上

　NPO法人は理事を3人以上、監事を1人以上置く必要があります。そこで、誰を理事にするか、監事にするか、検討します。あとで名簿の作成も必要なので、住民票どおりの各役員の氏名の表記、そして同じく住民票どおりの住所、そして読み仮名を確認しておきます。

≪役員に親族を入れる場合

　前述のとおり役員に親族を入れる場合、一定の制限があります。役員の最低人数である理事3人、監事1人、合計4人の場合、この中に役員の親族を入れることはできません。**役員が6人以上の場合、配偶者、3親等以内の親族を本人含めて2名まで入れることができます。**

　この役員を集めることが、設立にあたりネックとなることがよくあります。57頁で説明したとおり親族の制限があるためです。役員を最低人数の4名とする場合、4名とも他人を集めなくてはなりません。

● 役員4人の場合

他人は4人になります

役員報酬の有無

　役員報酬を受ける人は、理事および監事の総数の3分の1以下でなければなりません。**役員の最低必要人数である4名でNPO法人をスタートする場合、1人しか役員報酬を得ることができません。**ただし、労務の対価とは別なので、そのNPO法人で労働した報酬はもらえます。

● 決定事項チェックシート❶に役員の種別、氏名、読み仮名、役員報酬の有無、理事長の電話番号とFAXを書く

| 役員 | 種別 | 社員の中から理事は3人以上（その中で理事長と副理事長を選びます）　監事は1人以上選びます ||||
		役職（代表、副）	氏　名	読み仮名	役員報酬の有無
役員	理事	理事長	杉本　有美	スギモト　ユミ	無
		副理事長	石田　拓郎	イシダ　タクロウ	無
		理事	神田　浩市	カンダ　コウイチ	無
	監事	監事	逢沢　さゆり	アイザワ　サユリ	無
理事長電話番号	03-0000-0000		理事長FAX	03-0000-0000	

役員についてはさまざまな制限があるので、注意しましょう。

3-2 チェックシートを埋めてみよう

5. 社員の決め方

社員はNPO法人を構成する人たち

　社員は、社員総会において議決権を持っています。そして、10人以上いなくてはならず、申請する際に10人の名簿を提出します。そこでチェックシートに、10人の氏名、住所を記載しておきます。

　社員は役員と異なり、住民票などの取得は不要です。また、親族の制限もないので、極端なことをいえば、社員は役員の親兄弟で占められていたとしても問題ありません。

　法人や、法人格のない団体（任意団体）、外国人も、社員になることができます。

役員である理事、監事と社員は兼務できる

　なるべく少人数でスタートしたい場合には、理事や監事が社員と兼務すると、すでに社員は4人いることになるので、あとは、ほかに6人の氏名と住所を入れれば、10人の社員の要件はクリアします。

　あくまで10人以上いればよいので、社員が20人いたとしても、名簿の記載は、10人までで大丈夫です。

● 決定事項チェックシート❶に社員の氏名、住所を書く

		氏　名	住　所
社員	1（代表）	杉本　有美	東京都文京区本郷 ○丁目○番○号
	2	石田　拓郎	東京都中野区中野 ○丁目○番○号
	3	神田　浩市	東京都練馬区大泉町○丁目○番○号
	4	逢沢　さゆり	東京都渋谷区渋谷 ○丁目○番○号
	5	田中　一平	千葉県船橋市宮本 ○丁目○番○号
	6	青木　常幸	埼玉県所沢市有楽町 ○丁目○番○号
	7	株式会社中拓 代表取締役　中嶋　拓哉	東京都清瀬市上清戸 ○丁目○番○号
	8	柏原　幸子	埼玉県浦和市南区 ○丁目○番○号
	9	小林　ひろみ	神奈川県横浜市中区弁天通 ○丁目○番○号
	10	中田　秀樹	東京都港区北青山 ○丁目○番○号

3-2 チェックシートを埋めてみよう

6. 事業年度はどうすればよいか

事業年度の設定をする

　NPO法人は事業年度が終わると、その3カ月以内に総会を開催し、「事業報告書」を都道府県庁に提出しなくてはなりません。ですから、あまり忙しい時期と重ならないように事業年度の終了時期を設定したほうがいいでしょう。

　また、4月1日から翌年3月末日で設定している法人が多いので、5月、6月ごろの事業報告書の提出の際、窓口が混んでいて待たされるケースがあります。空いているときに事業報告をしたいのなら、この時期を外して、事業年度を考えましょう。

最初の事業年度だけ注意が必要

　たとえば、1月1日から12月31日で事業年度を設定したケースで、4月にNPO法人の立ち上げを検討した場合を考えます。

　流れは次のようになります。

> ❶ 4月にNPO法人の立ち上げを検討し、申請書類をつくって7月8日に申請が受理される
> ❷ 2カ月の縦覧期間を経て、審査となり、10月31日に認証される
> ❸ 登記書類を作成し、11月11日に登記申請完了

　この場合、最初の事業年度は11月11日から12月31日になります。つまり、初年度は実質2カ月弱しかありません。それでも事業年度が終了するので、決算書類を作成したり、事業報告をつくらなくてはなりません。そうなるとかなり手間になってしまうので、**初年度をなるべく長く取れるような設定にしてしまう**という考え方もあります。

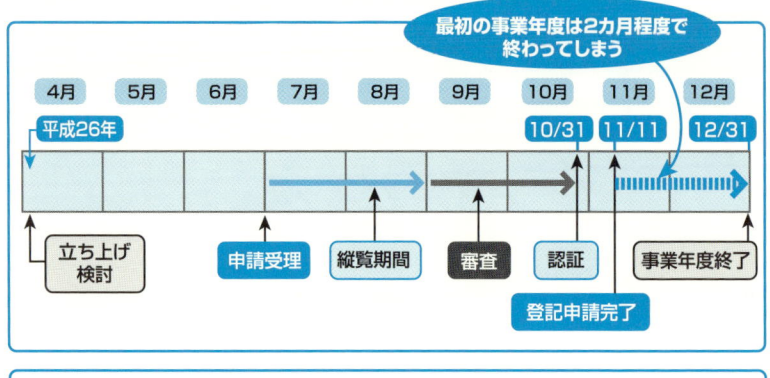

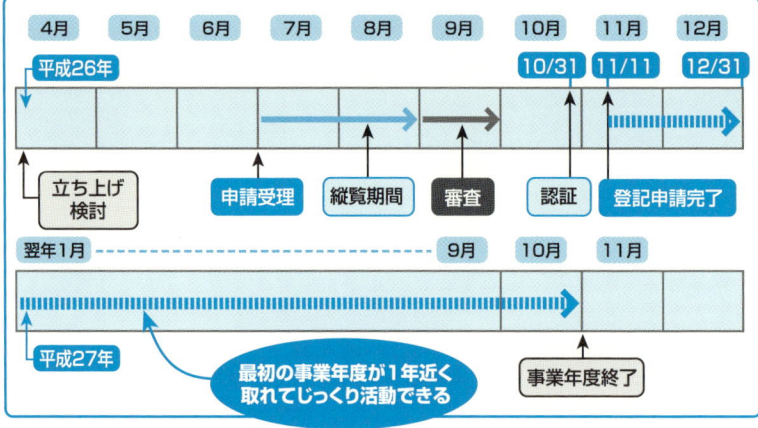

```
 4月  5月  6月  7月  8月  9月  10月  11月  12月
                                    10/31 11/11 12/31
平成26年
                                                    最初の事業年度は2カ月程度で
                                                    終わってしまう
  ↑      ↑       ↑        ↑     ↑          ↑
立ち上げ  申請受理  縦覧期間  審査  認証       事業年度終了
 検討                                登記申請完了
```

```
 4月  5月  6月  7月  8月  9月  10月  11月  12月
                                    10/31 11/11 12/31
平成26年
  ↑      ↑       ↑        ↑     ↑     ↑
立ち上げ  申請受理  縦覧期間  審査  認証  登記申請完了
 検討
翌年1月 --------------------- 9月  10月  11月
平成27年                           事業年度終了
         最初の事業年度が1年近く
         取れてじっくり活動できる
```

　上記の下の例であれば、事業年度を11月1日から翌年10月31日とすれば、初年度は法人成立日の11月11日から翌年10月31日となり、初年度もじっくり活動期間を持つことができます。

　事業計画書や活動予算書をつくる際は、設立から2事業年度分を作成します。設立初年度の書類は、2カ月で終われば2カ月分のもの、1年近くあれば1年分のものを作成します。

　このように事業年度は申請書類の作成にも影響があります。事業年度は、さまざまな観点から活動しやすい期間を設定するように検討するとよいでしょう。

● 決定事項チェックシート❶に事業年度を書く

事業年度	11 月 1 日　〜　翌年 10 月 31 日

3-2 チェックシートを埋めてみよう

7. 設立趣旨の考え方

設立の趣旨を説明できるか

　NPO法人の設立にあたって、その設立の趣旨を説明する書類をつくります。認証を受けるにあたって、次のようなことを説明します。

❶ どのような現状があって
❷ どのような改善策があって
❸ そのためのキャリアがどのくらいあって
❹ なぜNPO法人でなくてはならないのか　　　etc.

　これらを、総合的な考え方を表現する書類にまとめます。誰が読んでもわかりやすく、具体的であることが必要です。これらを作成するために次の2つについて、具体的に列挙していきます。

● 上記を踏まえて、決定事項チェックシート❷に設立趣旨を書く

設立趣旨　チェックシート	
設立を考えるに至った現在の社会の現状、背景、問題、原因	
現在の状況や問題点やその原因など	ペットブームで、ペットを飼う人が増加している。 無責任な飼い主による保健所への持ち込みにより、殺処分される犬猫が増加している。 劣悪な環境での繁殖など、悪質な業者があとを絶たない。
どのようにすれば解決するか、何をすべきか	ペットを飼うにあたっての情報提供や、命を大切にする意識の啓発。 殺処分されるペットを少しでも減らすための保護と譲渡。

（次頁に続く）

コンセプトの決定	
具体的なニーズについて	ペット業者は、売って終わりである。 飼い方の情報提供、問題行動があった場合の対応のしかたや、動物の命を大切に考える意識の啓発が必要である。
これまでの活動実績や培ってきた技術など	遺棄されたペットたちの保護や譲渡活動を行ってきた。

↓

NPO化して行うこと、貢献できること、本法人の特徴	今までの保護活動や譲渡活動をより活発に活動し、それによって殺処分されるペットを減らす。 動物と飼い主、そして地域住民などを含めて、ペットの飼育のしかたや関わり方などの情報提供と啓発活動を行う。
今後の活動への決意表明	NPO法人となることで組織の基盤を確立し、情報公開を進めることにより社会的な信用を得て、人と動物とのよりよい暮らしと、命の大切さや動物への理解と愛護の気持ち、気風を広めていきたい。

設立の目的を考える

まず、NPO法人の特定非営利活動20分野の事業（50頁参照）のうち、どの事業を行うかを決定します。

● 決定事項チェックシート❶に法で定める20の活動をチェック

	20分野の活動	該当に○印
法で定める20の活動	1. 保健・医療または福祉の増進を図る活動	
	2. 社会教育の推進を図る活動	○
	3. まちづくりの推進を図る活動	
	4. 観光の振興を図る活動	
	5. 農山漁村または中山間地域の振興を図る活動	

	20分野の活動	該当に○印
法で定める20の活動	6. 学術、文化、芸術またはスポーツの振興を図る活動	
	7. 環境の保全を図る活動	
	8. 災害救助活動	
	9. 地域安全活動	
	10. 人権の擁護または平和の推進を図る活動	
	11. 国際協力の活動	
	12. 男女共同参画社会の形成の促進を図る活動	
	13. 子どもの健全育成を図る活動	
	14. 情報化社会の発展を図る活動	
	15. 科学技術の振興を図る活動	
	16. 経済活動の活性化を図る活動	
	17. 職業能力の開発または雇用機会の拡充を支援する活動	
	18. 消費者の保護を図る活動	
	19. 前各号に掲げる活動を行う団体の運営または活動に関する連絡、助言または援助の活動	
	20. 前各号に掲げる活動に準ずる活動として、都道府県または指定都市の条例で定める活動(東京は、該当なし)	

　次にNPO法人の目的を考えます。記載した目的の範囲でNPO法人は活動することになります。目的を考えるにあたって、次の3つを考えます。

❶ 誰に対して
❷ 何を行い
❸ 最終的にどのようなことを実現したいのか

　具体的には、目的の書き方として、次のような流れに乗せて考えるとスムーズにつくることができます。

「この法人は、○○に対して、○○や○○などの事業を行い、○○の実現に寄与することを目的とする」

● 決定事項チェックシート❸に目的を書く

目　的
※ 法人の事業活動が社会にもたらす効果や法人としての最終目標を具体的かつ明確に伝わるように記載します。 【例】「この法人は○○に対して、△△(NPO活動に係る事業)を行い、□□に寄与することを目的とする」
この法人は広く一般市民を対象として、動物の適正飼育の相談、情報提供、動物愛護精神の普及啓発活動などを行い、もって社会教育の推進を図るとともに、人と動物がよりよい関係で共存する社会環境の実現に寄与することを目的とする。

(次頁に続く)

● 決定事項チェックシート❸に事業の種類を書く

事業の種類	
※ 具体的にどんな事業を行うのかを記入してください。 【例】高齢者向けのパソコン教室開催による再就職支援事業 【例】セミナー開催による自然環境教育事業 NPO活動の目的を達成するための事業は収入を得ても、すべてNPO事業になります。	
① 動物の適正飼育などに関する情報提供、啓発	事業
② 動物の保護と里親探しに関する	事業
③	事業
④	事業
⑤	事業
⑥	事業

● 決定事項チェックシート❸に具体的な事業内容を書く

具体的な事業内容							
事業の種類（上記で記載した項目の番号）	事業内容（具体的な内容：○○にて○○を行う）	実施予定日（○年○月、または、夏、冬などでも結構です）	実施予定場所	NPO側参加予定人数	受益対象者の範囲と予定人数	支出見込み（人件費や、交通費などこの事業にかかる全ての費用）	収入見込み
①	動物の適正飼育に関する相談対応	随時	法人事務所など	3人	ペットの飼い主など一般市民・60人	0円	円
①	イベントへの出展による啓発活動	5月、10月	東京都世田谷区	8人	イベント参加者・300人	40,000円	円
②	保護犬、猫の里親探し会開催	毎月第3日曜日	○○駅前広場	5人	一般市民・不特定多数	330,000円	円
						円	円
						円	円
						円	円

※ 初年度分をつくってコピーしたものに、次年度変更個所を修正すると便利です。

| 月　日 _____ ☐
| 月　日 _____ ☐
| 月　日 _____ ☐

この章の中で、何月何日に●●●をしようと決めたらここに書き込んで、実際にやったらチェックを入れましょう。

第4章

申請書類をつくりましょう

　これから早速申請書類を作成していきます。

　提出する書類のリストを見るとたくさんあるので大変だと感じるかもしれません。

　しかし半分くらいは簡単に作成できるものなので、心配することはありません。

　難易度が高く重要な書類は、本書に記載したポイントを押さえて作成し、あとは都道府県庁の事前相談で担当者の指摘を踏まえて修正していきましょう。

　書類作成は、NPO法人設立の流れの中でも重要な場面です。設立後のNPO法人運営を見据えて、筋の通ったものをつくっていきましょう。

4-1 申請書類作成のための準備

1. NPO法人の設立申請に必要な書類

設立申請に必要な書類

	書 類 名
1	設立認証申請書
2	定款
3	役員名簿
4	各役員の就任承諾書及び宣誓書の謄本（コピー）
5	各役員の住所または居所を証する書面
6	社員のうち10人以上の者の名簿
7	確認書
8	設立趣旨書
9	設立についての意思の決定を証する議事録の謄本（コピー）
10	事業計画書（設立当初の事業年度および翌事業年度）
11	活動予算書（設立当初の事業年度および翌事業年度）

※ 提出に必要な部数は、都道府県庁ごとに異なります。
　実際の作成手順は、90頁からの順番で作成するとわかりやすいです。

書類は難易度別に考える

　上表のように、NPO法人設立申請のため準備すべき書類はたくさんあります。これらを、難易度別に2つのタイプに分けてみました。

● よく考えて作成しなくてはならない書類

2	定款
8	設立趣旨書
10	事業計画書（設立当初の事業年度および翌事業年度）
11	活動予算書（設立当初の事業年度および翌事業年度）

● **転記のみなどで簡単にできてしまう書類**

1	設立認証申請書
3	役員名簿
4	各役員の就任承諾書及び宣誓書の謄本（コピー）
5	各役員の住所または居所を証する書面
6	社員のうち10人以上の者の名簿
7	確認書
9	設立についての意思の決定を証する議事録の謄本（コピー）

こうしてみると、ポイントとなる書類は4種類になります。それ以外は、特にあれこれ考える必要のない書類なので簡単です。それがわかると、NPO法人設立のための書類づくりを考えても、気持ちが軽くなるのではないでしょうか。

申請書類作成のための準備

≪❶ 申請する都道府県庁の確認

まず、どこに申請するのかを確認します。**申請先は、NPO法人の主たる事務所を管轄する都道府県庁、または、1つの政令指定都市の区域内のみに事務所が所在するNPO法人の認証事務は、指定都市が行います。**

また、事前相談や書類の提出先は、都道府県庁の本庁ではなく、地域振興センターなどの場合があります。

自分たちがどこの管轄なのか、また事前相談や書類を提出するところはどこになるのかを確認しておきます。各都道府県庁のNPO法人のサイトから調べることができます。

≪❷「手引き」の取り寄せ

各都道府県庁や指定都市では、申請にあたって「**手引き**」を用意しています。サイトからダウンロードも可能ですが、ボリュームがあることや検索性の観点から、冊子を入手することをお勧めします。無料で配布しているケース、有料のケースなどさまざまです。

4-2 チェックシートを文章化する

1. 設立趣旨書の作成

　設立趣旨書は、NPO法人の認証申請書類である事業計画や、活動予算、定款の目的といったすべての書類の考え方の元になる書類です。まさに、NPO法人を設立する趣旨を説明するための書類です。

　では、具体的に記入したチェックシートの設立趣旨書の部分を文章化してみましょう。

　93頁のサンプルは東京都のサンプルに基づいて作成したものです。ほかの都道府県では設立に至る経緯を具体的に入れる書式もあるので、各都道府県庁の出している書式を確認してください。

書き方の流れ

次のような流れで記入していきます。

- ❶ 現状の問題点の説明
- ❷ その問題が起こった原因
- ❸ それを解決するにはどういうことが必要か
- ❹ その解決方法に対してNPO法人は何ができるのか、その活動の持つ社会的な意義
- ❺ 実績があればその内容や、今後どのような取り組みを進めていくのか
- ❻ なぜNPO法人を設立するのか、そしてその決意表明

　審査の資料であると同時に、縦覧期間には一般の人からのチェックもあります。誰が読んでもわかるよう具体的に説明してください。専門用語がある場合、それを一般の人がわかるように記載します。

　NPO法人の申請は書面審査です。書面の内容がすべてです。書面からやりたいことが伝わらないと審査のしようがないので、じっくり考え

て作成しましょう。

わかりやすい文章と情熱にこだわること

　申請書類を書くという点で一番大事なことは、小学生が読んでも……とまではいいませんが、せめて中高生が読んでもわかるような内容と文章を意識することです。

　定款の事業目的、設立趣旨書などを読んだら、一本筋が通っていて何をする法人なのかがすぐわかるように記載しましょう。ぼんやりとした理想論ではなく、具体的に具体的にと意識して書いてみてください。

　私が業務で、お客様にチェックシート（67頁参照）の記載をお願いしたときに、かなりあっさりしたものが送られてくることがあります。これでは設立を受任した私も、何がしたい法人なのか理解できず、書類を作成することができないので、改めて具体的なお話をうかがうことになります。できればこちらから聞き返さなくても、納得できるものが仕上がってくるくらいの情熱を感じたいものです。

　そして、その情熱を伝えるためには、わかりやすい文章が絶対条件になります。

　自分たちで書類をつくる場合、主観的になって書類をつくってしまうことがあります。みなさんにはあたりまえのことや業界では一般的な用語でも、普通の人は知らないということがたくさんあります。ですから、家族や友だちなど第三者に設立趣旨を読んでもらい、わかりやすいか？　わからない単語はないか？　意見を聞いてみるとよいでしょう。

　とにかく、わかりやすい情熱のこもった文章で、書類を作成するようにしてください。

法人名称と代表者住所に気をつける

　認証を受けようとするNPO法人の名称を記載します。また設立代表者の住所は、住民票と一字一句違わないように注意して記載します。

　住民票が「1丁目1番1号」と書いてあればそのとおりに書きます。これを「一丁目1番1号」と書いただけで、書類ははねられてしまいます。この**一字一句、住民票と同じにするというポイントは、NPO法人**

の申請書類のすべてに共通するルールです。

代表者の記名押印

　氏名は記名押印、つまり印字したものに印鑑を押印するか、または本人が署名をします。

　少し特別な苗字の人、たとえば「高橋」が、住民票では「髙橋（はしごだか）」の場合も、住民票どおりに書きます。

　パソコンで書類を作成していると、名前に使われている珍しい文字が出ないことがあります。その場合には、そこだけ空欄にして、あとで手書きで記入しましょう。

住所も名前も住民票と完全に一致していないといけないのね。

● **設立趣旨書　例**
チェックシートでピックアップしたことを文章化していきます。

[問題提起]　[何を行いたいか]

NPO法人One&にゃんサポート協会 設立趣旨書

　わが国で、犬猫などのペットと暮らす世帯数は、増加の一途をたどっている一方で、心無い飼い主により、動物たちの命を物のように軽く扱う事態も増えています。保健所への持ち込みや、殺処分される動物たちの数は依然として多く、保護活動をしてもとても追いつく状況ではありません。
　これまで私たちは、遺棄されたペットたちの保護、保健所からの引き出しや譲渡活動を行ってきました。そこで感じたのは、飼い主のモラル、飼育上の知識を向上していかなければ、問題の解決は図れないということです。

　そこで私たちは、今までの保護活動や譲渡活動をより活発にすることで、殺処分されるペットを可能なかぎり減らすとともに、ペットと飼い主、そして地域住民などを含めて、飼育のしかたや、関わり方などの情報提供と啓発活動を行い、無責任な飼育や、飼育放棄などを減らし、動物たちと地域住民が共に生きる住みよい社会の実現に寄与したいと考えています。

　上記目的を達成すべく、組織の基盤を確立し、情報公開を進めることにより社会的な信用を得て、人と動物とのよりよい暮らしと命の大切さや動物への理解と愛護の気持ちを広めていくためにも、特定非営利活動法人化が必要と考え、ここにNPO法人One&にゃんサポート協会を設立するものです。

[NPOにする理由、決意表明]

平成26年5月12日

設立代表者　住　所　東京都文京区本郷○丁目○番○号
　　　　　　氏　名　杉本有美　㊞

[設立総会の開催日以前の日付を書きます]

[住民票と一字一句同じように記載します]

4-3 モデル定款をアレンジする

1. モデル定款をダウンロードする

モデル定款をアレンジする際の注意事項

　いよいよ定款を作成します。**申請する都道府県庁に最もあった定款のサンプルは、各都道府県庁が用意している「モデル定款」になります。**

　このモデル定款をアレンジすれば、一番間違いのない定款をつくることができます。本書では、自分で設立することを一番の目的とし、モデル定款をアレンジして申請書類とする方法を説明します。

　アレンジするといっても、モデル定款を自由に書き換えるということではありません。モデル定款の一部を修正すれば、別の部分にも影響が出ることが多々あります。そして、影響が出た部分を変更しなくては矛盾が生じてしまい、定款として成り立たなくなってしまうことがあります。これでは、都道府県庁も認証してくれません。ですから、アレンジするにも十分注意が必要になります。

　また、アレンジした内容がNPO法に合致していなかった場合にも認証はされません。アレンジがNPO法に合致しているかどうかを、皆さんが確認するのは大変だと思いますし、そこにエネルギーを使うより、設立するNPO法人の本来の活動に時間を割いていくべきです。

　次節より必要最低限のアレンジすべきポイントを説明していきます。その前に、各都道府県庁のサイトからモデル定款をダウンロードします。

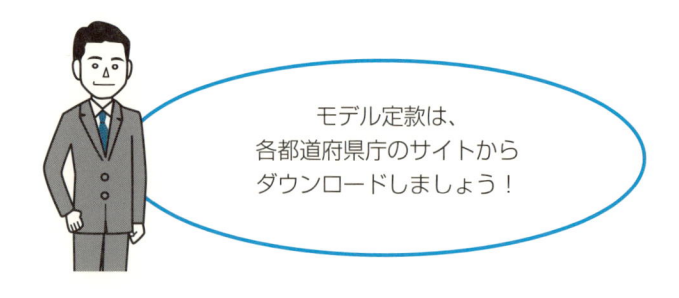

> モデル定款は、
> 各都道府県庁のサイトから
> ダウンロードしましょう！

4-3 モデル定款をアレンジする

2. 定款の作成

　モデル定款に、これからつくるNPO法人がアレンジするポイントを記載して説明していきます。その部分を変更しながら、実際に定款をつくってみましょう。

モデル定款の使い方

　次頁からのモデル定款の囲みや波線の部分を検討して記入していきます。ほかの部分は、そのまま都道府県庁の定款例を使います。引き出し線のコメントを読んでみて、変更したい部分があれば、そこだけ、事前相談の際に、都道府県庁の担当者に確認しながら変更するようにします。モデル定款はシンプルな変更しかしていないので、都道府県庁の確認はスムーズに進みます。

意思決定を総会型にするか理事会型にするか

　アレンジの例として、意思決定を総会型にするか理事会型にするかがあります。
　一般的な都道府県庁の定款は、意思決定をなるべく総会で行うように書かれています。なるべく総会で決めるというのは民主的な感じがする一方で、人数も多くなったり、開催の手間もあるので、なかなか機動的に決めにくいデメリットがあります。
　そこでNPO法上、総会で決めなくてはいけないことを除いて、それ以外の事項の多くを理事会の決議事項に移すことで、機動的に運営することができるようになります。
　都道府県庁の定款例は総会型が多いので、理事会型にしたい場合にはその点をアレンジする必要があります。

本書では、理事会型の定款のサンプルも入れているので、参考にしてください。

　また次頁からのモデル定款には、ポイントや注意事項を入れています。都道府県庁の定款例から設立予定のNPO法人の定款を作成する際に、参考にしてください。

もっとアレンジしたい場合

　どうしても、このようにしたいというアレンジの希望があれば、都道府県庁の事前面談の際に確認するようにします。そうすれば、そのアレンジの可否や、アレンジした場合のほかの部分への影響や注意点など、必要がある部分を指摘してくれるはずです。

　あまり一度に大幅に変更してしまうと、ぐちゃぐちゃになって何度も修正の指摘が入って直しを繰り返さなくてはならず、あげくの果てには申請までに何カ月もかかってしまうことになるので、大幅なアレンジは慎重に行いましょう。

> 本書には「総会型」と「理事会型」の両方の定款を載せています。

● モデル定款（総会型）例

> チェックシート❶を転記します。○-○-○号ではなく、○丁目○番○号と、省略しないで記載します。最小行政区画、つまり市区町村までの記載でもかまいません。ただ会社と異なり、NPO法人は公益性、情報公開を意識した運営が必要です。事務所には情報公開の場としての役割があるので、問題がなければ省略せずに最後まで記載したほうがよいでしょう。東京都などでは、できるだけ建物名、部屋番号まで正確に記載するようにと言われます

NPO法人One&にゃんサポート協会　定款

第1章　総　則

> チェックシート❶を転記します

（名　称）
第1条　この法人は、NPO法人One&にゃんサポート協会という。

（事務所）
第2条　この法人は、主たる事務所を東京都千代田区飯田橋○丁目○番○号に置く。

（目　的）
第3条　この法人は、広く一般市民を対象として、動物の適正飼育の相談、情報提供、動物愛護精神の普及啓発活動などを行い、もって社会教育の推進を図るとともに、人と動物がよりよい関係で共存する社会環境の実現に寄与することを目的とする。

> チェックシート❸を転記します

> チェックシート❶を転記します。NPO法人の活動として選択した項目を、一字一句同じにそのまま記入します

（特定非営利活動の種類）
第4条　この法人は、前条の目的を達成するため、次の種類の特定非営利活動を行う。
(1) 社会教育の推進を図る活動

（事業の種類）
第5条　この法人は、第3条の目的を達成するため、特定非営利活動に係る事業として、次の事業を行う。
(1) 動物の適正飼育などに関する情報提供、啓発事業
(2) 動物の保護と里親探しに関する事業

> チェックシート❸を転記します

第2章　会　員

（種　別）
第6条　この法人の会員は、次のとおりとし、正会員をもって特定非営利活動促進法（以下「法」という）上の社員とする。
(1) 正会員　　この法人の目的に賛同して入会した個人および団体
(2) 賛助会員　この法人の目的に賛同し賛助の意思を持つ個人および団体

> 75頁で設定した会員の種類を記載していきます。どの会員が、社員なのかが重要です。一般的な都道府県庁の定款例では、この2種類の会員が記載され、正会員を社員としています

（次頁に続く）

> NPO法人は開かれた法人でなくてはなりません。ここで不当な制限をつけてしまうと、NPO法に反していることになるので認証されません。基本的には、この部分には手を加えないようにします。もちろん、どんな人でも入会させなければいけないということではなく、「正当な理由」があれば拒むことができます

（入　会）
第7条　会員の入会について、特に条件は定めない。
　　　2　会員として入会しようとするものは、入会申込書により、理事長に申し込むものとする。
　　　3　理事長は、前項の申し込みがあったとき、正当な理由がないかぎり、入会を認めなければならない。
　　　4　理事長は、第2項のものの入会を認めないときは、速やかに、理由を付した書面をもって本人にその旨を通知しなければならない。

（入会金および会費）

> 理事会に変更可能です（理事会型108頁参照）

第8条　会員は、総会において別に定める入会金および会費を納入しなければならない。

（会員の資格の喪失）
第9条　会員が次の各号の一に該当する場合には、その資格を喪失する。
　　（1）退会届の提出をしたとき
　　（2）本人が死亡し、もしくは失そう宣告を受け、または会員である団体が消滅したとき
　　（3）継続して1年以上会費を滞納したとき
　　（4）除名されたとき

（退　会）
第10条　会員は、理事長が別に定める退会届を理事長に提出して、任意に退会することができる。

（除　名）
第11条　会員が次の各号の一に該当する場合には、総会の議決により、これを除名することができる。この場合その会員に対し、弁明の機会を与えなければならない。
　　（1）この定款に違反したとき
　　（2）この法人の名誉をき損し、または目的に反する行為をしたとき

（拠出金品の不返還）
第12条　すでに納入した入会金、会費その他の拠出金品は、返還しない。

> このあたりの定款例の記述は、基本的にそのまま使います。社員の資格の喪失には不当な条件を付すことはできません。アレンジする場合、その条件は問題がないかどうか都道府県庁の窓口に相談します

> 理事は最低3名以上、監事は1名以上とNPO法で決まっていますが、上限には制限がありません。ここは自由に決めてください

第3章　役　員

（種別および定数）
第13条　この法人に、次の役員を置く。
　　(1)　理事　3人以上8人以内
　　(2)　監事　1人以上2人以内
　2　理事のうち1人を理事長、1人以上2人以内を副理事長とする。

（選任等）
第14条　理事および監事は、総会において選任する。

> 理事は理事会で選任することが可能です（理事会型109頁参照）

　2　理事長および副理事長は、理事の互選とする。
　3　役員のうちには、それぞれの役員について、その配偶者もしくは三親等以内の親族が1人を超えて含まれ、または当該役員並びにその配偶者および三親等以内の親族が役員の総数の3分の1を超えて含まれることになってはならない。
　4　監事は、理事またはこの法人の職員を兼ねてはならない。

（職　務）
第15条　理事長は、この法人を代表し、その業務を総理する。
　2　副理事長は、理事長を補佐し、理事長に事故があるときまたは理事長が欠けたときは、理事長があらかじめ指名した順序によって、その職務を代行する。
　3　理事は、理事会を構成し、この定款の定めおよび総会または理事会の議決に基づき、この法人の業務を執行する。
　4　監事は、次に掲げる職務を行う。
　　(1)　理事の業務執行の状況を監査すること
　　(2)　この法人の財産の状況を監査すること
　　(3)　前2号の規定による監査の結果、この法人の業務または財産に関し不正の行為または法令もしくは定款に違反する重大な事実があることを発見した場合には、これを総会または所轄庁に報告すること
　　(4)　前号の報告をするために必要がある場合には、総会を招集すること
　　(5)　理事の業務執行の状況またはこの法人の財産の状況について、理事に意見を述べること

（役員の任期等）
第16条　役員の任期は、2年とし、再任されることができる。
　2　補欠のため、または増員により就任した役員の任期は、それぞれの前任者または現任者の任期の残存期間とする。
　3　役員は、辞任または任期満了後においても、後任者が就任するまでは、その職務を行わなければならない。

> 2年以内で規定します。それ以上にはできませんが、逆に短くすることは可能です

（次頁に続く）

(欠員補充)
第17条　理事または監事のうち、その定数の3分の1を超える者が欠けたときは、遅滞なくこれを補充しなければならない。

> 理事は理事会で選任することが可能です（理事会型110頁参照）

(解　任)
第18条　役員が次の各号の一に該当する場合には、総会の議決により、これを解任することができる。
　　　　(1)　心身の故障のため、職務の遂行に堪えないと認められるとき
　　　　(2)　職務上の義務違反その他役員としてふさわしくない行為があったとき
　　2　前項の規定により役員を解任しようとする場合は、議決の前に弁明の機会を与えなければならない。

(報酬等)
第19条　役員に報酬を与えることができる。ただし、その総数の3分の1以下でなければならない。
　　2　役員には、その職務を執行するために要した費用を弁償することができる。
　　3　前2項に関し必要な事項は、総会の議決を経て、理事長が別に定める。

第4章　会　議

(種　別)
第20条　この法人の会議は、総会および理事会の2種とする。
　　2　総会は、通常総会および臨時総会とする。

(総会の構成)
第21条　総会は、正会員をもって構成する。

(総会の権能)
第22条　総会は、以下の事項について議決する。
　　　　(1)　定款の変更
　　　　(2)　解散および合併
　　　　(3)　会員の除名
　　　　(4)　事業計画および予算並びにその変更
　　　　(5)　事業報告および決算
　　　　(6)　役員の選任および解任
　　　　(7)　役員の職務および報酬
　　　　(8)　入会金および会費の額
　　　　(9)　資産の管理の方法
　　　　(10)　借入金（その事業年度内の収益をもって償還する短期借入金を除く。第49条において同じ）そのほか新たな義務の負担および権利の放棄
　　　　(11)　解散における残余財産の帰属
　　　　(12)　事務局の組織および運営
　　　　(13)　そのほか運営に関する重要事項

> 総会型では、多くの事項を総会で議決するようになっています。理事会型では、この中の一部を理事会の議決事項に移しています（理事会型110頁参照）

（総会の開催）
第23条　通常総会は、毎年1回開催する。
　　2　臨時総会は、次に掲げる事由により開催する。
　　　（1）理事会が必要と認め、招集の請求をしたとき
　　　（2）正会員総数の5分の1以上から会議の目的を記載した書面により招集の請求があったとき
　　　（3）監事が第15条第4項第4号に基づき招集するとき

（総会の招集）
第24条　総会は、前条第2項第3号の場合を除いて、理事長が招集する。
　　2　理事長は、前条第2項第1号および第2号の規定による請求があったときは、その日から30日以内に臨時総会を招集しなければならない。
　　3　総会を招集する場合には、会議の日時、場所、目的および審議事項を記載した書面または電磁的方法により、開催の日の少なくとも5日前までに通知しなければならない。

（総会の議長）
第25条　総会の議長は、その総会に出席した正会員の中から選出する。

（総会の定足数）
第26条　総会は、正会員総数の2分の1以上の出席がなければ開会することはできない。

（総会の議決）
第27条　総会における議決事項は、第24条第3項の規定によってあらかじめ通知された事項とする。
　　2　総会の議事は、この定款に規定するもののほか、出席した正会員の過半数をもって決し、可否同数のときは、議長の決するところによる。

（総会での表決権等）
第28条　各正会員の表決権は平等なものとする。
　　2　やむを得ない理由により総会に出席できない正会員は、あらかじめ通知された事項について、書面若しくは電磁的方法をもって表決し、またはほかの正会員を代理人として表決を委任することができ、この場合において、前2条および次条第1項の規定の適用については出席したものとみなす。
　　3　総会の議決について、特別の利害関係を有する正会員は、その議事の議決に加わることができない。

（総会の議事録）
第29条　総会の議事については、次の事項を記載した議事録を作成しなければならない。
　　　（1）日時および場所
　　　（2）正会員総数および出席者数（書面もしくは電磁的方法による表決者または表決委任者がある場合にあっては、その数を付記すること）

（次頁に続く）

　　　　　(3)　審議事項
　　　　　(4)　議事の経過の概要および議決の結果
　　　　　(5)　議事録署名人の選任に関する事項
　　　2　議事録には、議長および総会において選任された議事録署名人2人が、記名押印または署名しなければならない。

(理事会の構成)
第30条　理事会は、理事をもって構成する。

(理事会の権能)
第31条　理事会は、この定款に別に定める事項のほか、次の事項を議決する。
　　　　　(1)　総会に付議すべき事項
　　　　　(2)　総会の議決した事項の執行に関する事項
　　　　　(3)　そのほか総会の議決を要しない業務の執行に関する事項

(理事会の開催)
第32条　理事会は、次に掲げる場合に開催する。
　　　　　(1)　理事長が必要と認めたとき
　　　　　(2)　理事総数の3分の1以上から会議の目的を示して、招集の請求があったとき

(理事会の招集)
第33条　理事会は、理事長が招集する。
　　　2　理事長は、前条第2号の規定による請求があったときは、その日から30日以内に理事会を招集しなければならない。
　　　3　理事会を招集するときは、会議の日時、場所、目的および審議事項を記載した書面もしくは電磁的方法により、開催の日の少なくとも5日前までに通知しなければならない。

> 電磁的方法とは、電子メールなどのことをいいます

(理事会の議長)
第34条　理事会の議長は、理事長がこれにあたる。

(理事会の議決)
第35条　理事会における議決事項は、第33条第3項の規定によってあらかじめ通知した事項とする。
　　　2　理事会の議事は、理事総数の過半数をもって決し、可否同数のときは、議長の決するところによる。

(理事会の表決権等)
第36条　各理事の表決権は、平等なものとする。
　　　2　やむを得ない理由のため理事会に出席できない理事は、あらかじめ通知された事項について書面をもって表決することができ、この場合において前条および次条第1項の適用については、理事会に出席したものとみなす。
　　　3　理事会の議決について、特別の利害関係を有する理事は、その議事の議決に加わることができない。

(理事会の議事録)
第37条　理事会の議事については、次の事項を記載した議事録を作成しなければならない。
　　(1)　日時および場所
　　(2)　理事総数、出席者数および出席者氏名（書面表決者にあっては、その旨を付記すること）
　　(3)　審議事項
　　(4)　議事の経過の概要および議決の結果
　　(5)　議事録署名人の選任に関する事項
　2　議事録には、議長およびその会議において選任された議事録署名人2人が記名押印または署名しなければならない。

第5章　資　産

> 資産は絶対的記載事項なので、資産がなくても規定しなくてはなりません。モデル定款をそのまま使うとよいでしょう

(構　成)
第38条　この法人の資産は、次の各号に掲げるものをもって構成する。
　　(1)　設立当初の財産目録に記載された資産
　　(2)　入会金および会費
　　(3)　寄付金品
　　(4)　資産から生じる収益
　　(5)　事業に伴う収益
　　(6)　そのほかの収益

(区　分)
第39条　この法人の資産は、特定非営利活動に係る事業に関する資産の1種とする。

(管　理)
第40条　この法人の資産は、理事長が管理し、その方法は、総会の議決を経て、理事長が別に定める。

> 理事会の議決でも可能です（理事会型113頁参照）

第6章　会　計

> チェックシート❶を転記します

(会計の原則)
第41条　この法人の会計は、法第27条各号に掲げる原則に従って行う。

(会計区分)
第42条　この法人の会計は、特定非営利活動に係る事業会計の1種とする。

(事業年度)
第43条　この法人の事業年度は、毎年11月1日に始まり、翌年10月31日に終わる。

（次頁に続く）

(事業計画および予算)
第44条　この法人の事業計画およびこれに伴う予算は、毎事業年度ごとに理事長が作成し、総会の議決を経なければならない。

> 理事会の議決でも可能です（理事会型114頁参照）

(暫定予算)
第45条　前条の規定にかかわらず、やむを得ない理由により予算が成立しないときは、理事長は、理事会の議決を経て、予算成立の日まで前事業年度の予算に準じ収益費用を講じることができる。
　2　前項の収益費用は、新たに成立した予算の収益費用とみなす。

(予算の追加および更正)
第46条　予算成立後にやむを得ない事由が生じたときは、総会の議決を経て、既定予算の追加または更正をすることができる。

(事業報告および決算)
第47条　この法人の事業報告書、財産目録、貸借対照表および活動計算書等決算に関する書類は、毎事業年度終了後、速やかに、理事長が作成し、監事の監査を受け、総会の議決を経なければならない。
　2　決算上剰余金を生じたときは、次事業年度に繰り越すものとする。

(臨機の措置)
第48条　予算をもって定めるもののほか、借入金の借入れそのほか新たな義務の負担をし、または権利の放棄をしようとするときは、総会の議決を経なければならない。

第7章　定款の変更、解散および合併

(定款の変更)
第49条　この法人が定款を変更しようとするときは、総会に出席した正会員の4分の3以上の多数による議決を経、かつ、法第25条第3項に規定する事項については、所轄庁の認証を得なければならない。
　2　この法人の定款を変更（前項の規定により所轄庁の認証を得なければならない事項を除く）したときは、所轄庁に届け出なければならない。

(解　散)
第50条　この法人は、次に掲げる事由により解散する。
　　(1)　総会の決議
　　(2)　目的とする特定非営利活動に係る事業の成功の不能
　　(3)　正会員の欠亡
　　(4)　合併
　　(5)　破産手続開始の決定
　　(6)　所轄庁による設立の認証の取り消し

> すべてNPO法で記載されている事項なので、ここは変更しないようにします

　2　前項第1号の事由によりこの法人が解散するときは、正会員総数の4分の3

　　　　以上の議決を経なければならない。
　３　第1項第2号の事由により解散するときは、所轄庁の認定を得なければならない。

（残余財産の帰属）
第51条　この法人が解散（合併または破産手続開始の決定による解散を除く）したときに残存する財産の帰属は、法第11条第3項に掲げる者のうちから、総会の議決により選定する。

（合　併）
第52条　この法人が合併しようとするときは、総会において正会員総数の4分の3以上の議決を経、かつ、所轄庁の認証を得なければならない。

第8章　公告の方法

（公告の方法）
第53条　この法人の公告は、この法人の掲示場に掲示するとともに、官報に掲載して行う。

第9章　事務局

> 事務局の規定は、なくてもかまいません。各都道府県庁のモデル定款でも異なります

（事務局の設置）
第54条　この法人に、この法人の事務を処理するため、事務局を設置することができる。
　２　事務局には、事務局長および必要な職員を置く。

（職員の任免）
第55条　事務局長および職員の任免は、理事長が行う。

> 理事会の議決でも可能です
> （理事会型115頁参照）

（組織および運営）
第56条　事務局の組織および運営に関し必要な事項は、総会の議決を経て、理事長が別に定める。

> 残余財産の譲渡先は、定款で決めてしまってもいいですし、このような形で解散総会の議決で決定することにしておいてもかまいません。
> 都道府県庁の定款例では、総会の議決で決めることにしているケースがほとんどです。特にこだわりがなければ、このように選択肢を広く残しておく形のほうが便利です

（次頁に続く）

> チェックシート❶
> を転記します

第10章 雑　則

（細　則）
第57条　この定款の施行について必要な細則は、理事会の議決を経て、理事長がこれを定める。

附　則
1　この定款は、この法人の成立の日から施行する。
2　この法人の設立当初の役員は、次のとおりとする。

　　　理事長　　杉本有美
　　　副理事長　石田拓郎
　　　理　事　　神田浩市
　　　監　事　　逢沢さゆり

3　この法人の設立当初の役員の任期は、この定款の規定にかかわらず、この法人の成立の日から平成28年1月31日までとする。
4　この法人の設立当初の事業年度は、この定款の規定にかかわらず、この法人の成立の日から平成27年10月31日までとする。
5　この法人の設立当初の事業計画および収支予算は、この定款の規定にかかわらず、設立総会の定めるところによる。
6　この法人の設立当初の入会金および会費は、この定款の規定にかかわらず、次に掲げる額とする。

（1）入会金　　正会員（個人・団体）　　　　　　　0円
　　　　　　　賛助会員（個人・団体）　　　　　　0円
（2）年会費　　正会員（個人・団体）　　　　　5,000円
　　　　　　　賛助会員（個人・団体）　1口1,000円　5口以上

> 設立が完了してはじめてくる事業年度の末日を記入します（81頁参照）

> チェックシート❶
> を転記します

> 事業年度終了後3カ月程度あとを役員の任期にしておくと、総会のときに役員改選の手続きも一緒にできるため、運営がしやすくなります。多くの都道府県庁でもこの形を勧めています

● モデル定款（理事会型）例

> チェックシート❶を転記します。○-○-○号ではなく、○丁目○番○号と、省略しないで記載します。最小行政区画、つまり市区町村までの記載でもかまいません。ただ会社と異なり、NPO法人は公益性、情報公開を意識した運営が必要です。事務所には情報公開の場としての役割があるので、問題がなければ省略せずに最後まで記載したほうがよいでしょう。東京都などでは、できるだけ建物名、部屋番号まで正確に記載するようにと言われます

NPO法人One&にゃんサポート協会　定款

第1章　総則

> チェックシート❶を転記します

（名　称）
第1条　この法人は、 NPO法人One&にゃんサポート協会 という。

（事務所）
第2条　この法人は、主たる事務所を 東京都千代田区飯田橋○丁目○番○号 に置く。

> チェックシート❸を転記します

（目　的）
第3条　この法人は、広く一般市民を対象として、動物の適正飼育の相談、情報提供、動物愛護精神の普及啓発活動などを行い、もって社会教育の推進を図るとともに、人と動物がよりよい関係で共存する社会環境の実現に寄与することを目的とする。

> チェックシート❶を転記します。NPO法人の活動として選択した項目を、一字一句同じにそのまま記入します

（特定非営利活動の種類）
第4条　この法人は、前条の目的を達成するため、次の種類の特定非営利活動を行う。
（1）社会教育の推進を図る活動

（事業の種類）
第5条　この法人は、第3条の目的を達成するため、特定非営利活動に係る事業として、次の事業を行う。
（1）動物の適正飼育などに関する情報提供、啓発事業
（2）動物の保護と里親探しに関する事業

> チェックシート❸を転記します

第2章　会員

（種　別）
第6条　この法人の会員は、次のとおりとし、正会員をもって特定非営利活動促進法（以下「法」という）上の社員とする。
（1）正会員　　この法人の目的に賛同して入会した個人および団体
（2）賛助会員　この法人の目的に賛同し賛助の意思を持つ個人および団体

> 75頁で設定した会員の種類を記載していきます。どの会員が、社員なのかが重要です。一般的な都道府県庁の定款例では、この2種類の会員が記載され、正会員を社員としています

（次頁に続く）　***107***

> NPO法人は開かれた法人でなくてはなりません。ここで不当な制限をつけてしまうと、NPO法に反していることになるので認証されません。基本的には、この部分には手を加えないようにします。もちろん、どんな人でも入会させなければいけないということではなく、「正当な理由」があれば拒むことができます

（入　会）

第7条　会員の入会について、特に条件は定めない。
　　2　会員として入会しようとするものは、入会申込書により、理事長に申し込むものとする。
　　3　理事長は、前項の申し込みがあったとき、正当な理由がないかぎり、入会を認めなければならない。
　　4　理事長は、第2項のものの入会を認めないときは、速やかに、理由を付した書面をもって本人にその旨を通知しなければならない。

（入会金及び会費）

> 理事会型は理事会で決定します

第8条　会員は、理事会において別に定める入会金および会費を納入しなければならない。

（会員の資格の喪失）

第9条　会員が次の各号の一に該当する場合には、その資格を喪失する。
　　(1)　退会届の提出をしたとき
　　(2)　本人が死亡し、もしくは失そう宣告を受け、または会員である団体が消滅したとき
　　(3)　継続して1年以上会費を滞納したとき
　　(4)　除名されたとき

（退　会）

第10条　会員は、理事長が別に定める退会届を理事長に提出して、任意に退会することができる。

（除　名）

第11条　会員が次の各号の一に該当する場合には、総会の議決により、これを除名することができる。この場合その会員に対し、弁明の機会を与えなければならない。
　　(1)　この定款に違反したとき
　　(2)　この法人の名誉をき損し、または目的に反する行為をしたとき

（拠出金品の不返還）

第12条　すでに納入した入会金、会費その他の拠出金品は、返還しない。

> このあたりの定款例の記述は、基本的にそのまま使います。社員の資格の喪失には不当な条件を付すことはできません。アレンジする場合、その条件は問題がないかどうか都道府県庁の窓口に相談します

> 理事は最低3名以上、監事は1名以上とNPO法で決まっていますが、上限には制限がありません。ここは自由に決めてください

第3章　役　員

（種別および定数）
第13条　この法人に、次の役員を置く。
　　(1) 理事　3人以上8人以内
　　(2) 監事　1人以上2人以内
　2　理事のうち1人を理事長、1人以上2人以内を副理事長とする。

> 理事会型の場合、理事は理事会で選任します

（選任等）
第14条　理事は、理事会において選任し、監事は、総会において選任する。
　2　理事長および副理事長は、理事の互選とする。
　3　役員のうちには、それぞれの役員について、その配偶者もしくは三親等以内の親族が1人を超えて含まれ、または当該役員並びにその配偶者および三親等以内の親族が役員の総数の3分の1を超えて含まれることになってはならない。
　4　監事は、理事またはこの法人の職員を兼ねてはならない。

（職　務）
第15条　理事長は、この法人を代表し、その業務を総理する。
　2　副理事長は、理事長を補佐し、理事長に事故があるときまたは理事長が欠けたときは、理事長があらかじめ指名した順序によって、その職務を代行する。
　3　理事は、理事会を構成し、この定款の定めおよび総会または理事会の議決に基づき、この法人の業務を執行する。
　4　監事は、次に掲げる職務を行う。
　　(1) 理事の業務執行の状況を監査すること
　　(2) この法人の財産の状況を監査すること
　　(3) 前2号の規定による監査の結果、この法人の業務または財産に関し不正の行為または法令もしくは定款に違反する重大な事実があることを発見した場合には、これを総会または所轄庁に報告すること
　　(4) 前号の報告をするために必要がある場合には、総会を招集すること
　　(5) 理事の業務執行の状況またはこの法人の財産の状況について、理事に意見を述べること

（役員の任期等）
第16条　役員の任期は、2年とし、再任されることができる。
　2　補欠のため、または増員により就任した役員の任期は、それぞれの前任者または現任者の任期の残存期間とする。
　3　役員は、辞任または任期満了後においても、後任者が就任するまでは、その職務を行わなければならない。

> 2年以内で規定します。それ以上にはできませんが、逆に短くすることは可能です

（次頁に続く）

(欠員補充)
第17条 理事または監事のうち、その定数の3分の1を超える者が欠けたときは、遅滞なくこれを補充しなければならない。

(解　任)
第18条 役員が次の各号の一に該当する場合には、理事は 理事会の議決 により、監事は総会の議決により、これを解任することができる。

> 総会の議決で解任することもできます

(1) 心身の故障のため、職務の遂行に堪えないと認められるとき
(2) 職務上の義務違反その他役員としてふさわしくない行為があったとき
2　前項の規定により役員を解任しようとする場合は、議決の前に弁明の機会を与えなければならない。

(報酬等)
第19条 役員に報酬を与えることができる。ただし、その総数の3分の1以下でなければならない。
2　役員には、その職務を執行するために要した費用を弁償することができる。
3　前2項に関し必要な事項は、総会の議決を経て、理事長が別に定める。

第4章　会　議

(種　別)
第20条 この法人の会議は、総会および理事会の2種とする。
2　総会は、通常総会および臨時総会とする。

(総会の構成)
第21条 総会は、正会員をもって構成する。

(総会の権能)
第22条 総会は、以下の事項について議決する。
(1) 定款の変更
(2) 解散および合併
(3) 会員の除名
(4) 事業報告および決算
(5) 監事の選任および解任
(6) 役員の報酬
(7) 解散における残余財産の帰属
(8) そのほか運営に関する重要事項

> 理事会型の定款です。
> 都道府県のモデル定款は総会型なので、議決事項に、事業計画および活動予算、その変更や、入会金および会費の額なども入っています。
> 総会型の場合、都道府県のモデル定款例の議決事項をそのまま使ってください。
> 理事会型にしたい場合、こちらの議決事項にするとよいでしょう

> 理事の選任、解任などは、理事会で決めることができます。
> ただし、監事は職務の性質上、総会でなくてはなりません

(総会の開催)
第23条　通常総会は、毎年1回開催する。
　　2　臨時総会は、次に掲げる事由により開催する。
　　　(1)　理事会が必要と認め、招集の請求をしたとき
　　　(2)　正会員総数の5分の1以上から会議の目的を記載した書面により招集の請求があったとき
　　　(3)　監事が第15条第4項第4号に基づき招集するとき

(総会の招集)
第24条　総会は、前条第2項第3号の場合を除いて、理事長が招集する。
　　2　理事長は、前条第2項第1号および第2号の規定による請求があったときは、その日から30日以内に臨時総会を招集しなければならない。
　　3　総会を招集する場合には、会議の日時、場所、目的および審議事項を記載した書面または電磁的方法により、開催の日の少なくとも5日前までに通知しなければならない。

(総会の議長)
第25条　総会の議長は、その総会に出席した正会員の中から選出する。

(総会の定足数)
第26条　総会は、正会員総数の2分の1以上の出席がなければ開会することはできない。

(総会の議決)
第27条　総会における議決事項は、第24条第3項の規定によってあらかじめ通知された事項とする。
　　2　総会の議事は、この定款に規定するもののほか、出席した正会員の過半数をもって決し、可否同数のときは、議長の決するところによる。

(総会での表決権等)
第28条　各正会員の表決権は平等なものとする。
　　2　やむを得ない理由により総会に出席できない正会員は、あらかじめ通知された事項について、書面若しくは電磁的方法をもって表決し、または他の正会員を代理人として表決を委任することができ、この場合において、前2条および次条第1項の規定の適用については出席したものとみなす。
　　3　総会の議決について、特別の利害関係を有する正会員は、その議事の議決に加わることができない。

(総会の議事録)
第29条　総会の議事については、次の事項を記載した議事録を作成しなければならない。
　　　(1)　日時および場所
　　　(2)　正会員総数および出席者数(書面もしくは電磁的方法による表決者または表決委任者がある場合にあっては、その数を付記すること)

(次頁に続く)

　　　　　　(3) 審議事項
　　　　　　(4) 議事の経過の概要および議決の結果
　　　　　　(5) 議事録署名人の選任に関する事項
　　　2　議事録には、議長および総会において選任された議事録署名人2人が、記名押印または署名しなければならない。

（理事会の構成）
第30条　理事会は、理事をもって構成する。

（理事会の権能）
第31条　理事会は、この定款に別に定める事項のほか、次の事項を議決する。
　　　　(1) 総会に付議すべき事項
　　　　(2) 総会の議決した事項の執行に関する事項
　　　　(3) そのほか総会の議決を要しない業務の執行に関する事項

（理事会の開催）
第32条　理事会は、次に掲げる場合に開催する。
　　　　(1) 理事長が必要と認めたとき
　　　　(2) 理事総数の3分の1以上から会議の目的を示して、招集の請求があったとき

（理事会の招集）
第33条　理事会は、理事長が招集する。
　　　2　理事長は、前条第2号の規定による請求があったときは、その日から30日以内に理事会を招集しなければならない。
　　　3　理事会を招集するときは、会議の日時、場所、目的および審議事項を記載した書面もしくは電磁的方法により、開催の日の少なくとも5日前までに通知しなければならない。

> 電磁的方法とは、電子メールなどのことをいいます

（理事会の議長）
第34条　理事会の議長は、理事長がこれにあたる。

（理事会の議決）
第35条　理事会における議決事項は、第33条第3項の規定によってあらかじめ通知した事項とする。
　　　2　理事会の議事は、理事総数の過半数をもって決し、可否同数のときは、議長の決するところによる。

（理事会の表決権等）
第36条　各理事の表決権は、平等なものとする。
　　　2　やむを得ない理由のため理事会に出席できない理事は、あらかじめ通知された事項について書面をもって表決することができ、この場合において前条および次条第1項の適用については、理事会に出席したものとみなす。
　　　3　理事会の議決について、特別の利害関係を有する理事は、その議事の議決に加わることができない。

(理事会の議事録)
第37条 理事会の議事については、次の事項を記載した議事録を作成しなければならない。
　(1) 日時および場所
　(2) 理事総数、出席者数および出席者氏名（書面表決者にあっては、その旨を付記すること）
　(3) 審議事項
　(4) 議事の経過の概要および議決の結果
　(5) 議事録署名人の選任に関する事項
2　議事録には、議長およびその会議において選任された議事録署名人2人が記名押印または署名しなければならない。

第5章　資　産

(構　成)
第38条 この法人の資産は、次の各号に掲げるものをもって構成する。
　(1) 設立当初の財産目録に記載された資産
　(2) 入会金および会費
　(3) 寄付金品
　(4) 資産から生じる収益
　(5) 事業に伴う収益
　(6) そのほかの収益

> 資産は絶対的記載事項なので、資産がなくても規定しなくてはなりません。モデル定款をそのまま使うとよいでしょう

(区　分)
第39条 この法人の資産は、特定非営利活動に係る事業に関する資産の1種とする。

(管　理)
第40条 この法人の資産は、理事長が管理し、その方法は、理事会の議決を経て、理事長が別に定める。

> 総会の議決でも可能です

第6章　会　計

(会計の原則)
第41条 この法人の会計は、法第27条各号に掲げる原則に従って行う。

(会計区分)
第42条 この法人の会計は、特定非営利活動に係る事業会計の1種とする。

(事業年度)
第43条 この法人の事業年度は、毎年11月1日に始まり、翌年10月31日に終わる。

> チェックシート❶を転記します

（次頁に続く）

(事業計画および予算)
第44条 この法人の事業計画およびこれに伴う予算は、毎事業年度ごとに理事長が作成し、理事会の議決を経なければならない。

> 総会の議決でも可能です

(暫定予算)
第45条 前条の規定にかかわらず、やむを得ない理由により予算が成立しないときは、理事長は、理事会の議決を経て、予算成立の日まで前事業年度の予算に準じ収益費用を講じることができる。
2 前項の収益費用は、新たに成立した予算の収益費用とみなす。

(予算の追加および更正)
第46条 予算成立後にやむを得ない事由が生じたときは、理事会の議決を経て、既定予算の追加または更正をすることができる。

(事業報告および決算)
第47条 この法人の事業報告書、財産目録、貸借対照表および活動計算書等決算に関する書類は、毎事業年度終了後、速やかに、理事長が作成し、監事の監査を受け、総会の議決を経なければならない。
2 決算上剰余金を生じたときは、次事業年度に繰り越すものとする。

(臨機の措置)
第48条 予算をもって定めるもののほか、借入金の借入れその他新たな義務の負担をし、または権利の放棄をしようとするときは、理事会の議決を経なければならない。

第7章 定款の変更、解散および合併

(定款の変更)
第49条 この法人が定款を変更しようとするときは、総会に出席した正会員の4分の3以上の多数による議決を経、かつ、法第25条第3項に規定する事項については、所轄庁の認証を得なければならない。
2 この法人の定款を変更(前項の規定により所轄庁の認証を得なければならない事項を除く)したときは、所轄庁に届け出なければならない。

(解散)
第50条 この法人は、次に掲げる事由により解散する。
(1) 総会の決議
(2) 目的とする特定非営利活動に係る事業の成功の不能
(3) 正会員の欠亡
(4) 合併
(5) 破産手続開始の決定
(6) 所轄庁による設立の認証の取り消し
2 前項第1号の事由によりこの法人が解散するときは、正会員総数の4分の3

> すべてNPO法で記載されている事項なので、ここは変更しないようにします

以上の議決を経なければならない。
　3　第1項第2号の事由により解散するときは、所轄庁の認定を得なければならない。

（残余財産の帰属）
第51条　この法人が解散（合併または破産手続開始の決定による解散を除く）したときに残存する財産の帰属は、法第11条第3項に掲げる者のうちから、総会の議決により選定する。

（合　併）
第52条　この法人が合併しようとするときは、総会において正会員総数の4分の3以上の議決を経、かつ、所轄庁の認証を得なければならない。

第8章　公告の方法

（公告の方法）
第53条　この法人の公告は、この法人の掲示場に掲示するとともに、官報に掲載して行う。

第9章　事務局

> 事務局の規定は、なくてもかまいません。各都道府県庁のモデル定款でも異なります

（事務局の設置）
第54条　この法人に、この法人の事務を処理するため、事務局を設置することができる。
　2　事務局には、事務局長および必要な職員を置く。

（職員の任免）
第55条　事務局長および職員の任免は、理事長が行う。

> 総会の議決でも可能です

（組織および運営）
第56条　事務局の組織および運営に関し必要な事項は、理事会の議決を経て、理事長が別に定める。

> 残余財産の譲渡先は、定款で決めてしまってもいいですし、このような形で解散総会の議決で決定することにしておいてもかまいません。
> 都道府県庁の定款例では、総会の議決で決めることにしているケースがほとんどです。特にこだわりがなければ、このように選択肢を広く残しておく形のほうが便利です

（次頁に続く）

> チェックシート❶
> を転記します

第10章 雑　則

（細　則）
第57条　この定款の施行について必要な細則は、理事会の議決を経て、理事長がこれを定める。

附　則
1　この定款は、この法人の成立の日から施行する。
2　この法人の設立当初の役員は、次のとおりとする。

理事長	杉本有美
副理事長	石田拓郎
理　事	神田浩市
監　事	逢沢さゆり

3　この法人の設立当初の役員の任期は、この定款の規定にかかわらず、この法人の成立の日から平成28年1月31日までとする。
4　この法人の設立当初の事業年度は、この定款の規定にかかわらず、この法人の成立の日から平成27年10月31日までとする。
5　この法人の設立当初の事業計画および収支予算は、この定款の規定にかかわらず、設立総会の定めるところによる。
6　この法人の設立当初の入会金および会費は、この定款の規定にかかわらず、次に掲げる額とする。

(1) 入会金	正会員（個人・団体）	0円
	賛助会員（個人・団体）	0円
(2) 年会費	正会員（個人・団体）	5,000円
	賛助会員（個人・団体）	1口1,000円　5口以上

> 設立が完了してはじめてくる事業年度の末日を記入します（81頁参照）

> チェックシート❶
> を転記します

> 事業年度終了後3カ月程度あとを役員の任期にしておくと、総会のときに役員改選の手続きも一緒にできるため、運営がしやすくなります。多くの都道府県庁でもこの形を勧めています

4-4 NPO法人の申請で求められる事業計画とは

1. 事業計画書の作成

事業計画って難しそう？

　事業計画と聞くと、会社が融資を受けるときに使うようなものをつくらなくてはならない？　大変そう？　とおよび腰になってしまうかもしれません。でもNPO法人の事業計画はそれほど複雑なものではありません。

計画したら実行しなくてはならないの？

　事業計画は2事業年度分作成します。**2年ではなく、2事業年度**であることに注意してください。設立の初年度は、法人の成立の日から事業年度末日までになります。ですから、初年度の長さは、各法人によってばらばらになります。

　さて、書いたら実行しなくてはならないのか不安になりますが、そういうわけではありません。**あくまで計画なので、行おうと思っていることを書いていけばいいのです。そのNPO法人でどのようなことがしたいのか、2事業年度分、この機会に考えてみましょう。**そんな先のことはわからないといわれる人もいます。どうしても思いつかなければ、2年目は1年目と同じでも、まったく問題ありません。1年目を基準にして、2年目に変化がありそうな部分だけをアレンジするという方法もやりやすいと思います。

≪ Point ❶ 事業の指針

　最初に、その事業年度の「事業実施の方針」について記載します。主にどのような考えで、どのようなことに力を入れて活動するのか、また目標などを記載します。いわゆる所信表明だと思ってください。

≪ **Point ❷** 事業の実施に関する事項

　事業計画書のメインである、事業の実施について記載します。チェックシートで記入した内容を、ダウンロードした用紙にそのまま転記してみましょう。

　サンプルに書き方のポイントを記入しているので、その点に注意して作成します。
　定款に記載した目的を実現するために、どのようなことを行うのか、読んだ人にイメージがわくよう意識して、具体的に書いていきます。

● 事業計画書　例

> 成立の日は、申請が受理される目安の日から、認証されて登記が終わると想定される日を考えます。その日から最初の事業年度が終わる日までになります。
> 一般的に、成立の日は申請が受理されると考えられる日から4カ月後にするとよいでしょう

平成26年度　事業計画書

> 成立の日から平成27年10月31日まで

NPO法人One&にゃんサポート協会

1　事業実施の方針

　設立初年度は、保護犬、猫の里親探し会を毎月1回継続して開催していくとともに、当法人の活動や理念を知ってもらうため、広報活動にも力を入れていきたい。

2　事業の実施に関する事項

特定非営利活動に係る事業

> 支出見込み額の合計が、122頁の事業費計の Ⓐ の金額と一致します

事業名	事業内容	実施予定日時	実施予定場所	従事者の予定人数	受益対象者の範囲および予定人数	支出見込み額（千円）
動物の適正飼育などに関する情報提供、啓発事業	動物の適正飼育に関する相談対応	随時	法人事務所など	3人	ペットの飼い主など一般市民60人	0
	イベントへの出展による啓発活動	5月、10月	東京都世田谷区	8人	イベント参加者300人	40
動物の保護と里親探しに関する事業	保護犬、猫の里親探し会開催	毎月第3日曜日	○○駅前広場	5人	一般市民不特定多数	330

> 千円単位です

平成27年度　事業計画書

平成27年11月1日から平成28年10月31日まで
NPO法人One&にゃんサポート協会

1　事業実施の方針

　2年目は、チャリティーバザーを開催することを計画している。また、その際にチラシの配布などで、随時、啓発活動を行うとともに、情報提供を充実させ、参加者および協力者を増やしていきたい。

2　事業の実施に関する事項

特定非営利活動に係る事業

事業名	事業内容	実施予定日時	実施予定場所	従事者の予定人数	受益対象者の範囲および予定人数	支出見込み額（千円）
動物の適正飼育などに関する情報提供、啓発事業	動物の適正飼育に関する相談対応	随時	法人事務所など	3人	ペットの飼い主など一般市民60人	0
	イベントへの出展による啓発活動	5月、10月	東京都世田谷区	8人	イベント参加者300人	50
動物の保護と里親探しに関する事業	保護犬、猫の里親探し会開催	毎月第3日曜日	○○駅前広場	5人	一般市民不特定多数	360
	保護犬、猫の里親探しのためのチャリティバザー開催	11月、4月、9月	○○駅前広場	5人	一般市民不特定多数	30

> 定款の第5条の事業の種類の文言と一致させます

> 支出見込み額の合計が、123頁の事業費計の❸の金額と一致します

> 千円単位です

4-5 そのほかの必要書類

1. 活動予算書の作成

活動予算書とは何か？

「**活動予算書**」は「**事業計画書**」とセットのようなものです。作成のポイントはサンプル（122、123頁参照）に記載していますが、主な点は次のとおりです。

≪ Point ❶ 事業収益

事業収益は定款第5条の事業名と一致させて、その後ろに「収益」とつけて記載します。そして、それぞれの事業からの収益として見込まれる予算を記入します。

> 例　○○事業 ⇨ ○○事業収益

≪ Point ❷ 活動予算書

NPO法人の各事業に要した費用は、事業費の中に入れます。

人件費や地代家賃などは、一般的な会計書類では「管理費」に分類されるイメージがありますが、それが事業を実施するために使った費用であれば、活動予算書では、それは管理費ではなく「事業費」に入れます。活動予算書で見たい部分は、事業を行うための支出かどうかという点です。

たとえば、地代家賃は支出の中で大きな割合を占めるケースが多いと思います。これを管理費に入れてしまうと、支出の中で事業費より管理費の割合が多くなり、本来の事業を行う法人と判断することができなくなってしまうからです。

繰り返しになりますが、NPO法人は書面審査なので、書面でそのように表現されていれば、都道府県庁からすると認証することが難しくなってしまいます。

≪ Point ❸ NPO法の運用方針

多くの都道府県庁が、認証の際の判断基準を持っています。**活動予算書については、設立当初の事業年度および翌事業年度ともに、管理費の合計は、事業費と管理費の合計額の2分の1以下であること**という目安があります。

活動予算書の書面から、このNPO法人がしっかりと本来の目的の事業を行っていると判断されるために、少なくとも、この基準をクリアした書面を作成するようにします。

≪ Point ❹ 「事業費の支出」と「支出見込額」の合計

活動予算書の経常費用の「事業費の支出」の合計金額（118頁、119頁参照）と、事業計画書の「支出見込み額」の合計（122頁Ⓐ、123頁Ⓑ参照）が一致しなくてはなりません。違っていると、受理されません。

> 数字を一致させるのがポイントなので、気をつけてくださいね。

（次頁に続く）

● 活動予算書 例

平成26年度　　活動予算書
成立の日から平成27年10月31日まで
NPO法人One&にゃんサポート協会
(単位：円)

> 定款第5条の事業名と一致させます

科　目	金　額		
Ⅰ　経常収益			
1　受取会費			
正会員受取会費	30,000		
賛助会員受取会費	100,000	130,000	
2　受取寄附金			
受取寄附金	300,000	300,000	
3　動物の適正飼育などに関する情報提供、啓発事業収益	0		
動物の保護と里親探しに関する事業収益	0	0	
経常収益計			430,000
Ⅱ　経常費用			
1　事業費			
(1) 人件費			
給料手当	0		
人件費計	0		
(2) その他経費			
会議費	30,000		
旅費交通費	80,000		
広告宣伝費	150,000		
通信費	60,000		
印刷製本費	50,000		
その他経費計	370,000		
事業費計		Ⓐ 370,000	
2　管理費			
(1) 人件費			
給与手当	0		
人件費計	0		
(2) その他経費			
消耗品費	30,000		
その他経費計	30,000		
管理費計		30,000	
経常費用計			400,000
当期経常増減額			30,000
Ⅲ　経常外収益			
経常外収益計	0	0	0
Ⅳ　経常外費用			
経常外費用計			
税引前当期正味財産増減額			30,000
法人税、住民税及び事業税			70,000
設立時正味財産額			0
次期繰越正味財産額			−40,000

> Ⓐ 118頁の事業計画の支出見込み額の合計額と一致します

平成27年度　活動予算書

平成27年11月1日から平成28年10月31日まで

NPO法人One&にゃんサポート協会

(単位：円)

> 定款第5条の事業名と一致させます

科　目	金　額		
Ⅰ　経常収益			
1　受取会費			
正会員受取会費	45,000		
賛助会員受取会費	120,000	165,000	
2　受取寄附金			
受取寄附金	300,000	300,000	
3　動物の適正飼育などに関する情報提供、啓発事業収益	0		
動物の保護と里親探しに関する事業収益	240,000	240,000	
経常収益計			705,000
Ⅱ　経常費用			
1　事業費			
(1)人件費			
給料手当	0		
人件費計	0		
(2)その他経費			
会議費	30,000		
旅費交通費	110,000		
広告宣伝費	100,000		
通信費	75,000		
印刷製本費	125,000		
その他経費計	440,000		
事業費計		❸ 440,000	
2　管理費			
(1)人件費			
給与手当	0		
人件費計	0		
(2)その他経費			
消耗品費	30,000		
その他経費計	30,000		
管理費計		30,000	
経常費用計			470,000
当期経常増減額			235,000
Ⅲ　経常外収益			
経常外収益計	0	0	0
Ⅳ　経常外費用			
経常外費用計			
税引前当期正味財産増減額			235,000
法人税、住民税及び事業税			70,000
設立時正味財産額			−40,000
次期繰越正味財産額			125,000

> ❸ 119頁の事業計画の支出見込み額の合計額と一致します

4-5 そのほかの必要書類

2. 役員名簿及び役員のうち報酬を受ける者の名簿の作成

「役員名簿及び役員のうち報酬を受ける者の名簿」を各都道府県庁のサイトからダウンロードする

　役員名簿は、NPO法人の理事および監事の名簿です。まず、理事3名以上、監事1名以上の記載があるか、そして、定款の附則2で記載した設立当初の役員と一致しているか確認しましょう。

　書式は各都道府県庁のサイトからダウンロードします。ダウンロードした書式に、役員の役名や氏名、住所を記載します。設立後に就任する予定の役員で個人名になります。法人は役員になれません。

≪ Point ❶ 役名

　役名は、法律上の役員の名称である「理事」「監事」を記載します。**代表理事、理事長という書き方はしない**ので注意しましょう。

≪ Point ❷ 役員の住所

　住所は住民票の表記どおり、一字一句同じように正確に記載します。

≪ Point ❸ 役員報酬

　報酬の有無も記載します。報酬を受けることができるのは役員の総数の3分の1以下です。役員報酬は、労働の対価として受け取る賃金ではありません。それは、受け取っても何ら問題ありません。

● **役員名簿及び役員のうち報酬を受ける者の名簿　例**

役員名簿及び役員のうち報酬を受ける者の名簿

NPO法人 One&にゃんサポート協会

	役名	（フリガナ） 氏　名	住所または居所	報酬の 有無	備　考
1	理事	スギモト ユ ミ 杉本有美	東京都文京区本郷 ○丁目○番○号	有・㊇	理事長
2	理事	イシダ タクロウ 石田拓郎	東京都中野区中野 ○丁目○番○号	有・㊇	副理事長
3	理事	カンダ コウイチ 神田浩市	東京都練馬区大泉町 ○丁目○番○号	有・㊇	
4	監事	アイザワ 逢沢さゆり	東京都渋谷区渋谷 ○丁目○番○号	有・㊇	
5					
6					
7					
8					
9					
10					

「理事」か「監事」を記載します

住民票の表記と同様に記載します

4-5 そのほかの必要書類

3. 就任承諾書及び宣誓書の作成

「就任承諾書及び宣誓書」を各都道府県庁のサイトからダウンロードする

　書式を各都道府県庁のサイトからダウンロードします。これを役員がそれぞれ記入し、NPO法人宛に提出します。

　そして、都道府県庁には、その謄本（つまりコピー）を提出します。原本は、NPO法人側で事務所に据え置きます。

　「就任承諾書及び宣誓書」は、次の2点を表明する書類です。

- このNPO法人の役員に就任することを承諾したこと
- 特定非営利活動促進法第20条に該当せず、第21条の規定に違反しないと誓約すること

　特定非営利活動促進法第20条は、役員の欠格事由について規定したものです。内容は、次のようになっています。

● NPO法人の役員になることができない人

1. 成年被後見人または被保佐人
2. 破産者で復権を得ない者
3. 禁錮以上の刑に処せられ、その執行を終わった日またはその執行を受けることがなくなった日から2年を経過しない者
4. 以下の理由で罰金の刑に処せられ、その執行を終わった日またはその執行を受けることがなくなった日から2年を経過しない者
   ・特定非営利活動促進法の規定に違反した場合
   ・暴力団員による不当な行為の防止等に関する法律の規定に違反した場合

- 刑法第204条［傷害］、第206条［現場助勢］、第208条［暴行］、第208条の3［凶備集合及び結集］、第222条［脅迫］、第247条［背任］の罪を犯した場合
- 暴力行為等処罰に関する法律の罪を犯した場合
❺ 暴力団の構成員（暴力団の構成団体の構成員を含む）もしくは暴力団の構成員でなくなった日から5年を経過しない者
❻ 設立の認証を取り消された特定非営利活動法人の解散当時の役員で、設立の認証を取り消された日から2年を経過しない者

また、第21条は役員の親族排除についてで、57頁で記載した、役員の親族要件に違反していないことを誓約するものです。

≪ Point ❶ 役員の氏名

役員の氏名は住民票の表記と一致させます。

≪ Point ❷ 全員分を用意する

「理事」「監事」の文言以外は、書式文面は同じです。役員全員分を用意しましょう。東京都の場合、書式の右上枠外に理事用には（理事）、監事用には（監事）と記載があるので、どちらの書式なのか確認しましょう。

≪ Point ❸ 日付

日付は設立総会日以降、申請日までの間の日付を記入します。

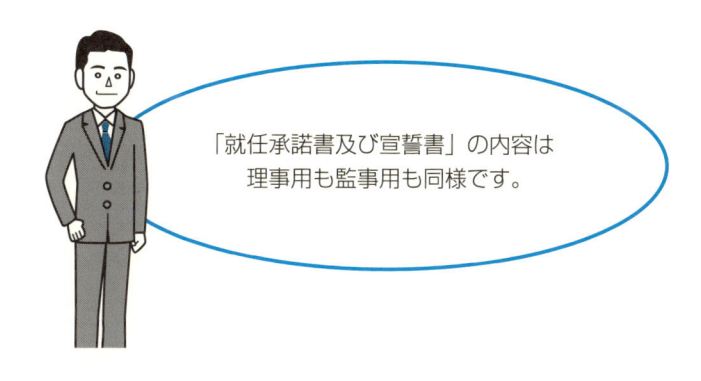

「就任承諾書及び宣誓書」の内容は理事用も監事用も同様です。

（次頁に続く）

● **就任承諾書及び宣誓書（理事） 例**

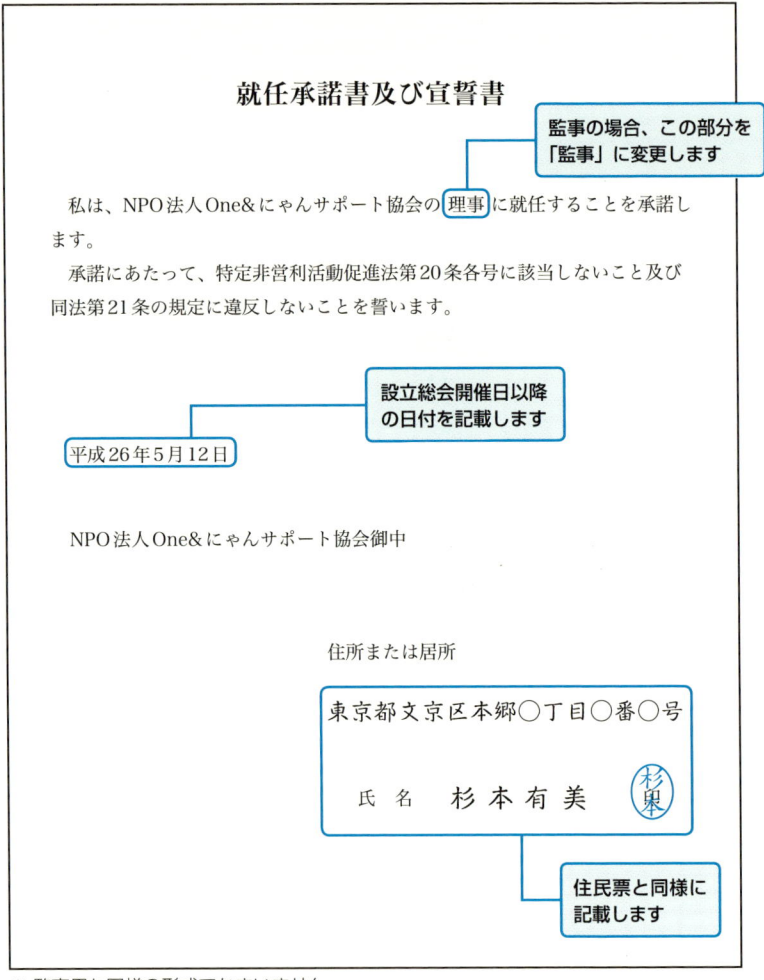

就任承諾書及び宣誓書

　私は、NPO法人One&にゃんサポート協会の 理事 に就任することを承諾します。

（監事の場合、この部分を「監事」に変更します）

　承諾にあたって、特定非営利活動促進法第20条各号に該当しないこと及び同法第21条の規定に違反しないことを誓います。

平成26年5月12日

（設立総会開催日以降の日付を記載します）

NPO法人One&にゃんサポート協会御中

住所または居所

東京都文京区本郷〇丁目〇番〇号

氏　名　　杉本有美　　㊞

（住民票と同様に記載します）

※ 監事用も同様の形式でかまいません。

4-5 そのほかの必要書類

4. 各役員の住所または居所を証する書面

　役員の住民票で、申請日前6カ月以内に作成されたものを提出します。外国在住の日本人は、海外に所在する日本の在外公館で在留証明を発給してもらいます。外国に住む外国人については、住所または居所を証する権限のある官公署が発給する書面を用意し、これを翻訳したものを添付します。国ごとに異なるので、都道府県庁に確認しましょう。

● 住民票　例

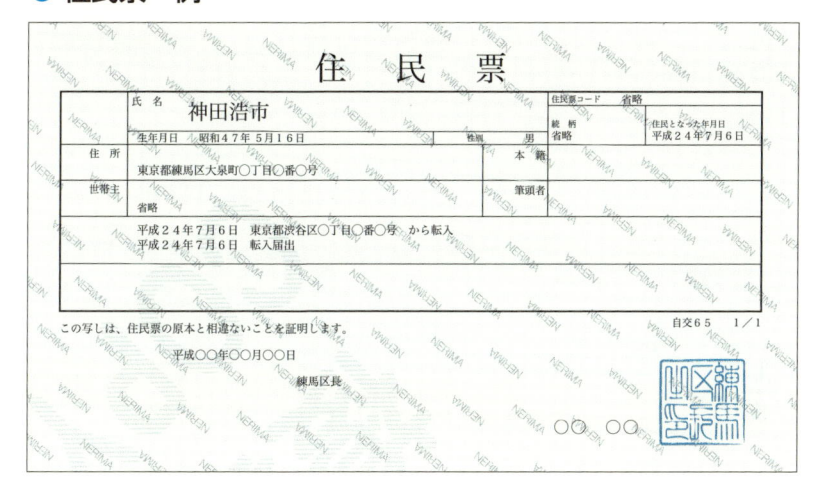

住　民　票			
氏　名　神田浩市		住民票コード　省略	
生年月日　昭和47年5月16日　　性別　男		続　柄　省略	住民となった年月日　平成24年7月6日
住　所　東京都練馬区大泉町○丁目○番○号		本　籍	
世帯主　省略		筆頭者	
平成24年7月6日　東京都渋谷区○丁目○番○号　から転入 平成24年7月6日　転入届出			
この写しは、住民票の原本と相違ないことを証明します。 平成○○年○○月○○日 練馬区長			自交65　1/1

都道府県庁によっては、住民票の代わりに住基ネットで確認してくれる場合もあります。

4-5 そのほかの必要書類

5. 社員のうち10人以上の者の名簿の作成

「社員のうち10人以上の者の名簿」とは何か？

「社員のうち10人以上の者の名簿」とは、NPO法で設立のための要件となる「社員が10人以上いること」を確認するためのものです。何人いても、10人まで記載すれば大丈夫です。

● 社員のうち10人以上の者の名簿　例

社員のうち10人以上の者の名簿

NPO法人One&にゃんサポート協会

	氏　名	住所または居所
1	杉本有美	東京都文京区本郷　○丁目○番○号
2	石田拓郎	東京都中野区中野　○丁目○番○号
3	神田浩市	東京都練馬区大泉町　○丁目○番○号
4	逢沢さゆり	東京都渋谷区渋谷　○丁目○番○号
5	田中一平	千葉県船橋市宮本　○丁目○番○号
6	青木常幸	埼玉県所沢市有楽町　○丁目○番○号
7	株式会社中拓 代表取締役　中嶋拓哉	東京都清瀬市上清戸　○丁目○番○号
8	柏原幸子	埼玉県浦和市南区　○丁目○番○号
9	小林ひろみ	神奈川県横浜市中区弁天通　○丁目○番○号
10	中田秀樹	東京都港区北青山　○丁目○番○号

※ 書式は各都道府県庁のサイトからダウンロードします。

4-5 そのほかの必要書類

6. 確認書の作成

「確認書」とは何か？

「確認書」とは、文字どおり「確認した」ことを示す書類です。

では何を確認したかというと、**設立総会で設立しようとするNPO法人が、「宗教や政治活動を行ったり、特定の候補者を応援したり反対したりする活動を行うものではないということ、また、暴力団関係ではないということを確認した」ということ**です。

つまり、次の法律の条文をみんなで確認しましたという証拠の書類ということになります。

● **NPO法第2条第2項第2号**

二　その行う活動が次のいずれにも該当する団体であること。
　イ　宗教の教義を広め、儀式行事を行い、および信者を教化育成することを主たる目的とするものでないこと。
　ロ　政治上の主義を推進し、支持し、またはこれに反対することを主たる目的とするものでないこと。
　ハ　特定の公職（公職選挙法（昭和二十五年法律第百号）第三条 に規定する公職をいう。以下同じ）の候補者（当該候補者になろうとする者を含む。以下同じ）もしくは公職にある者または政党を推薦し、支持し、またはこれらに反対することを目的とするものでないこと。

● **同法第12条第1項第3号**

三　当該申請に係る特定非営利活動法人が次に掲げる団体に該当しないものであること。
　イ　暴力団（暴力団員による不当な行為の防止等に関する法律（平成三年法律第七十七号）第二条第二号 に規定する暴力団をいう。以下この号および第四十七条第六号において同じ）
　ロ　暴力団またはその構成員（暴力団の構成団体の構成員を含む。以下この号において同じ）もしくは暴力団の構成員でなくなった日から五年を経過しない者（以下「暴力団の構成員等」という）の統制の下にある団体

確認書を各都道府県庁のサイトからダウンロードする

書式を各都道府県庁のサイトからダウンロードします。

≪確認書の日付と設立代表者の住所

総会で確認したことなので、総会以降の日付にします。総会と同じ日にしてもかまいません。
確認書に記載する設立代表者の住所は、住民票どおりの記載にします。

● 確認書　例

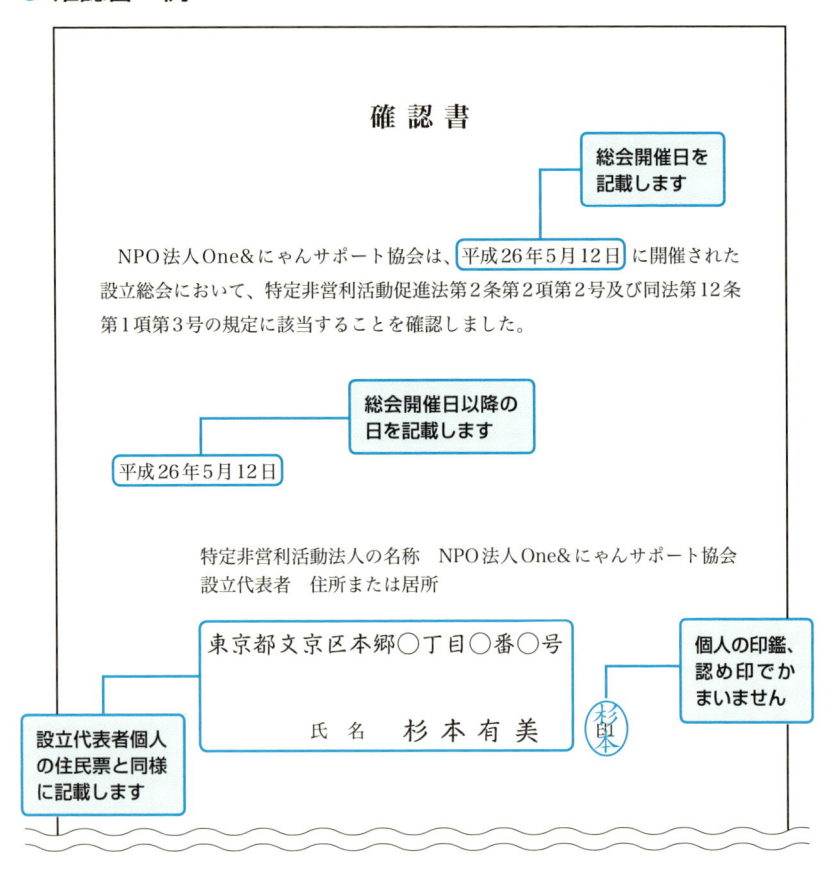

確認書

NPO法人One&にゃんサポート協会は、平成26年5月12日に開催された設立総会において、特定非営利活動促進法第2条第2項第2号及び同法第12条第1項第3号の規定に該当することを確認しました。

（総会開催日を記載します）

平成26年5月12日

（総会開催日以降の日を記載します）

特定非営利活動法人の名称　NPO法人One&にゃんサポート協会
設立代表者　住所または居所

東京都文京区本郷○丁目○番○号

氏名　杉本有美　㊞

（設立代表者個人の住民票と同様に記載します）

（個人の印鑑、認め印でかまいません）

4-5 そのほかの必要書類

7. 設立総会議事録

設立総会とは何か？

　設立総会は、NPO法人を設立するということを、メンバーが集まって決定する会議です。

設立総会議事録を各都道府県庁のサイトからダウンロードする

　書式を各都道府県庁のサイトからダウンロードします。都道府県庁ごとに記載事項は異なります。

● 設立総会議事録の記載事項（東京都の場合）

1. 法人設立の意思の確認
2. 定款案について
3. 役員について
4. 資産について
5. 事業計画案の審議、議決
6. 活動予算書案の審議、議決
7. 確認書の内容の確認
8. 議事録署名人の選任

　最後に総会の議長および、議事録署名人2名の署名、または記名押印をします。署名とは、直筆で自署することです。また記名押印とは、パソコンなどで名前を入れてあるものに、押印することです。

議事録の原本を保管する

　議事録は、原本は提出せずに、謄本（つまりコピー）を提出します。

原本はNPO法人で保管しておきます。

● NPO法人One&にゃんサポート協会設立総会議事録　例

NPO法人One&にゃんサポート協会設立総会議事録

1　日　　時　　平成26年5月12日（月）午後18時から午後19時まで
2　場　　所　　東京都千代田区飯田橋〇丁目〇番〇号　談話室ピカソ会議室
3　出席者数　　10名
4　出席者氏名　杉本有美、石田拓郎、神田浩市、逢沢さゆり、田中一平
　　　　　　　　青木常幸、中嶋拓哉、柏原幸子、小林ひろみ、中田秀樹
5　審議事項
　(1) 第一号議案　議長の選任
　(2) 第二号議案　NPO法人One&にゃんサポート協会の設立について
　(3) 第三号議案　NPO法人One&にゃんサポート協会の定款について
　(4) 第四号議案　設立当初の役員について
　(5) 第五号議案　設立当初の資産について
　(6) 第六号議案　事業計画および活動予算について
　(7) 第七号議案　設立当初の入会金および会費について
　(8) 第八号議案　確認書の確認について
　(9) 第九号議案　法人設立認証申請について

6　議事の経過の概要および議決の結果
　(1) 第一号議案　議長の選任
　　　司会より、小林ひろみ氏を議長に指名し、全員異議なくこれを承認した。
　(2) 第二号議案　NPO法人One&にゃんサポート協会の設立について
　　　議長より設立趣旨書を配布し、この趣旨をもとにNPO法人One&にゃんサポート協会を設立したい旨を諮ったところ、全員異議なくこれを承認した。
　(3) 第三号議案　NPO法人One&にゃんサポート協会の定款について
　　　議長より定款案を配布し、逐条審議したところ、全員異議なくこれを承認した。
　(4) 第四号議案　設立当初の役員について
　　　議長より設立当初の役員の人選について諮り、審議の結果、理事に杉本有美氏、石田拓郎氏、神田浩市氏、監事に逢沢さゆり氏とすることを全員異議なく承認した。また理事のうち理事長に杉本有美氏、副理事長に石田拓郎氏とすることについても、全員異議なくこれを承認した。

(5) 第五号議案　設立当初の資産について
　　議長より設立当初の財産目録案を配布し、全員異議なくこれを承認した。
(6) 第六号議案　事業計画および活動予算について
　　議長より平成26年度および平成27年度の事業計画書および活動予算書案を配布し、詳細に審議したところ、全員の異議なくこれを承認した。
(7) 第七号議案　設立当初の入会金および会費について
　　議長より設立当初の入会金および会費について諮り、審議の結果、入会金を正会員0円、賛助会員0円、年会費を正会員5,000円、賛助会員1口1,000円　5口以上とすることで、全員異議なくこれを承認した。
(8) 第八号議案　確認書の確認について
　　NPO法人One&にゃんサポート協会が特定非営利活動促進法第2条第2項第2号および同法第12条第1項第3号の規定に該当することについて、満場一致で確認した。
(9) 第九号議案　法人設立認証申請について
　　議長より法人設立の認証を申請するため、下記事項について諮ったところ、審議の結果、全員異議なくこれを承認した。
　　① 設立代表者（申請者）は杉本有美氏とする。
　　② 役員に決定した者は平成26年5月31日までに就任承諾書および宣誓書を提出する。
　　③ 役員のうち報酬を受けるものはいない。
　　④ 設立当初の社員は社員名簿記載のとおりとする。
　　⑤ 申請書類の軽微な事項の修正については、設立代表者に一任する。

7　議事録署名人の選任に関する事項
　議長より本日の議事をまとめるに当たり、議事録署名人2名を選任することを諮り、杉本有美氏および石田拓郎氏を選任することを全員意義なく承認した。

以上、この議事録が正確であることを証します。

> 個人の印鑑、認め印でかまいません

平成26年5月12日

　　　　　　　議　　　　長　　小林ひろみ　㊞
　　　　　　　議事録署名人　　杉本有美　　㊞
　　　　　　　議事録署名人　　石田拓郎　　㊞

4-5 そのほかの必要書類

8. 設立認証申請書

設立認証申請書とは何か？

　設立認証申請書は、設立認証を申請するための書類で、申請書類の一番はじめにつけます。ここまで説明してきた10種の書類は、この申請書の添付書類になります。

設立認証申請書を各都道府県庁の サイトからダウンロードする

　書式を各都道府県庁のサイトからダウンロードします。

≪設立認証申請書の日付

　日付は申請書を提出する日を記載するので、とりあえず空欄にしておきます。

≪主たる事務所の所在地

　地番などを省略せずに、事務所の所在地を記載します。

≪定款に記載された目的

　「定款に記載された目的」は、定款に記載したとおり、一字一句同じように記載します。

≪申請者の個人の住所氏名

　「申請者」の欄は、申請者の個人の住所氏名を住民票どおりに記載します。申請者は、代表者でなくてもかまいません。

● **特定非営利活動法人設立認証申請書　例**

> 申請書の提出日を記入します。空欄で持参し、受理されることになったら記入しましょう

平成　年　月　日

東京都知事　殿

> 住民票と同様に記載します

申請者　郵便番号　　000-0000
　　　　住　　所　　東京都文京区本郷〇丁目〇番〇号
　　　　氏　　名　　杉本有美　　㊞
　　　　電話番号　　　　03-0000-0000
　　　　ファクシミリ番号　030000-0000

特定非営利活動法人設立認証申請書

　特定非営利活動促進法第10条第1項の規定により、下記のとおり特定非営利活動法人を設立することについて認証を受けたいので、申請します。

記

1　特定非営利活動法人の名称	（フリガナ）エヌピーオーホウジン ワンアンドニャン サポートキョウカイ NPO法人One&にゃんサポート協会
2　特定非営利活動法人の代表者の氏名	（フリガナ）スギモトユミ 杉本有美
3　主たる事務所の所在地	東京都千代田区飯田橋〇丁目〇番〇号 郵便番号　000-0000 電話番号　03(0000)0000 ファクシミリ番号　03(0000)0000
4　定款に記載された目的	この法人は、広く一般市民を対象として、動物の適正飼育の相談、情報提供、動物愛護精神の普及啓発活動などを行い、もって社会教育の推進を図るとともに、人と動物がよりよい関係で共存する社会環境の実現に寄与することを目的とする。

> 定款第3条をそのまま転記します

第1章　NPO法人の基礎知識
第2章　NPO法人になるための要件
第3章　NPO法人の概要を決めましょう
第4章　申請書類を作りましょう

（次頁に続く）

各書類の日付について

　「設立認証申請書」以外の書類は、設立総会日を基準にし、それ以前のものやそれ以後のものがあるので、確認しながら作成します。日付の順序があっていないと受理されないので、注意しましょう。ただ、**それぞれの日付をいつにするか迷う場合には、すべて設立総会の開催日で統一すると間違いありません**（設立認証申請書だけは、受理された日になります）。

> 本書のサンプルは
> 総会開催日で統一しています。

この章の中で、何月何日に●●●をしようと決めたらここに書き込んで、実際にやったらチェックを入れましょう。

月　　日 _____ ☐
月　　日 _____ ☐
月　　日 _____ ☐

第5章

申請受理から認証までの流れ

第4章では申請書類を準備してきました。

この書類が無事に受理されたら、NPO法人の設立事務はおおよそ8割まで到達、あと一息です！

受理されたあとは、約3～4カ月にわたって申請者側では何もしない期間が続きます。

とはいえ、その間、縦覧期間、審査期間という認証に向けた重要な手続きが、都道府県庁側で進行しています。

申請書を提出してから認証に至るまでの流れをイメージしながら読んでください。

5-1 書類をつくってから申請書類が受理されるまで

1. 書類ができたら、都道府県庁の窓口に相談予約を入れる

事前相談に行こう

　NPO法人設立の際の申請までの手順は、次のような流れが一般的です。

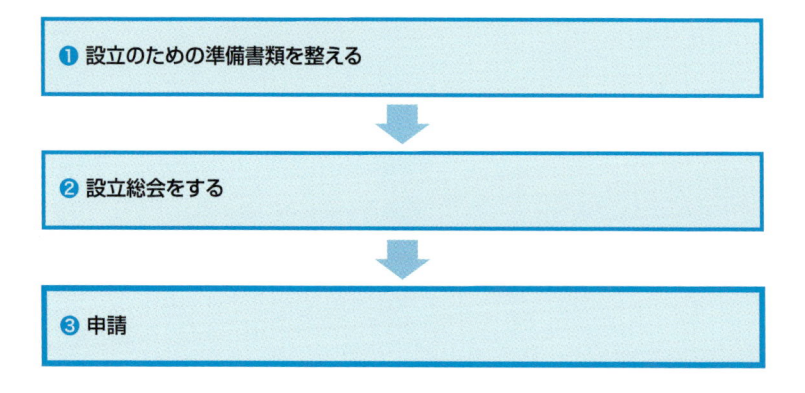

- ❶ 設立のための準備書類を整える
- ❷ 設立総会をする
- ❸ 申請

　ただ、実際には、これらの**書類の案を準備して、都道府県庁に確認してもらいながら少しずつ進めていく**ことになります。

≪書類（案）の作成と事前相談の予約を入れる

　まず、設立をする仲間で、今まで説明してきた書類の案を作成し、その後、都道府県庁に事前相談の予約を入れましょう。そこでさまざまな指摘をしてもらえるので、それを聞いて、指摘された部分を直して、また予約を入れるということを繰り返します。

≪東京都の場合は少し注意が必要

　事前相談や受理を行うのは都庁の担当職員ではなく、外部委託業者です。この段階ではあくまで形式的な部分のみのチェックです。事前相談でクリアしたからといって認められたわけではなく、その中身の審査、つまりそのNPO法人の活動内容が認証すべき活動なのかどうかは、まさに審査期間に審査されることになります。

≪そのほかの道府県の場合はおおむね大丈夫

　東京都に比べ、おおよそほかの県庁などは、最初から県庁のNPO法人担当職員が出てきてくれます。そこでは、形式的な審査のほか、活動内容などについてもいろいろ聞かれますし、認証レベルに達するまで、事前相談を行ったうえで受理してもらえます。審査はもちろんするのですが、基本的には認証する方向なので、「特に何もなければ、認証は○月ころになると思いますよ」などと言ってくれるケースもあります。実際に受理されれば不認証は0、またはかなりレアケースにかぎられます。

事前相談の注意点

≪地域振興センターで認証業務が行われるようになってきた

　最近、本庁以外の県内各地にある地域振興センターなどでNPO法人の認証事務が行われるようになりました。

　実はこの事務の移管に少し疑問を感じています。地域の役場の職員が、NPO法をあまり理解していないケースが見受けられるからです。

　たとえば、この本の最初で述べたように、NPO法人が儲けてはいけないと思い込んでいる担当者もいて、やり取りに苦労したことがあります。予算書の1年分の収入合計が100万円くらい（たった100万円ですよ！）だったとき、「そんなに収入があるんですか？　それなら営利なのでNPO法人ではなく会社じゃないとダメですね」と言われたこともあります。もちろんダメなわけがありません。

≪おかしいと思ったら、さりげなく聞いてみる

　これが、はじめて申請する人だったら、言われるままなのだろうなと思うと恐ろしくなります。某県庁の人に、話のついでに、こういう状況について聞いたことがあります。その担当者は、年に何度か地域の担当者に集まってもらって勉強会を行い、そのようなことがないよう鋭意努力していますと言っていました。

　このようなことは稀なケースかもしれませんが、あまりにおかしいと思ったらさりげなく確認してみましょう。

≪担当者とのやりとりは、気持ちよく

　とはいえ、担当者とのやりとりは、気持ちよく感じよくを意識しましょう。決して意地悪で言っているわけではなく、認証できるように教えてくれていることを忘れないようにして、無事、受理にこぎつけるようがんばってください。

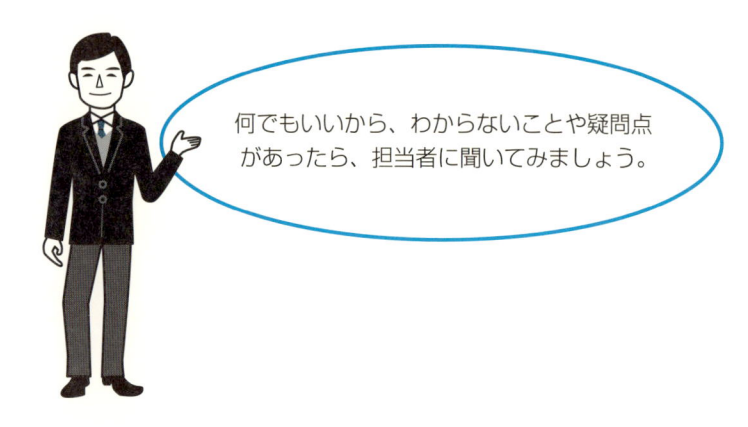

> 何でもいいから、わからないことや疑問点があったら、担当者に聞いてみましょう。

5-2 申請受理から認証まで

1. 書類が受理されたそのあとは？

受理されたら、しばらく待ち時間

　書類が都道府県庁に受理されたら、ここで一区切りとなります。ここからは、しばらく待ち時間になります。ただ、トータルで4カ月近くかかるので、それまでの期間、何もしないのはもったいないです。

≪NPO法人申請中も任意団体として行動できる！

　この期間はNPO法人としては活動できませんが、「NPO法人認証申請中の任意団体」として、いつでも活動してかまいませんし、そうしたほうが、認証が下りてからの活動もスムーズです。

　ただ、名刺やホームページなどを作成しても、「NPO法人○○」と記載しないように注意します。NPO法人と名乗ることができるのは、認証が下りて登記をしてからなので、それまでは「NPO法人認証申請中」と表記しておきましょう。

　NPO法人でもないのに、NPO法人と名乗るのはNPO法違反になるので、縦覧や審査期間中にこれが都道府県庁に見つかってしまうと、認証されなくなる恐れがあるので、十分注意してください。

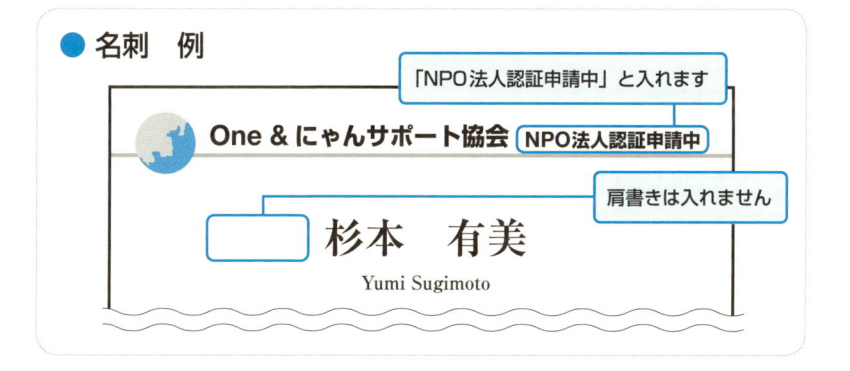

● 名刺　例

「NPO法人認証申請中」と入れます

One＆にゃんサポート協会　NPO法人認証申請中

肩書きは入れません

杉本　有美
Yumi Sugimoto

（次頁に続く）

受理された書類は各都道府県の公報などで公告される

　受理された書類は、各都道府県庁の公報などで公告されます。公告内容は次の6つになります。

❶ 申請のあった旨
❷ 申請年月日
❸ NPO法人の名称
❹ 代表者の氏名
❺ 主たる事務所の所在地
❻ 定款に記載された目的

　東京都であれば、「**東京都公報**」に掲載されますが、**掲載のタイミングは受理から数週間経過してから**になります。せっかくですから、掲載された公報は、記念に取っておいてもいいでしょう。東京都のサイトからダウンロードもできます。

受理日から2カ月間は縦覧期間

　縦覧期間とは、提出された書類のうち、次の5つの書類を広く市民に公開する期間です。希望すれば、誰でも各都道府県庁のNPO法人担当の窓口で閲覧することが可能です。NPO法人は、行政庁の監督を極力廃して市民の目で監視することとされているため、このような期間を設けて広く情報公開し、意見を募っています。

❶ 定款
❷ 役員名簿
❸ 設立趣旨書
❹ 設立当初の事業年度および翌事業年度の事業計画書
❺ 設立当初の事業年度および翌事業年度の活動予算書

縦覧期間中にも補正ができる

　今までは、申請書類を一式提出してしまったらまな板の上の鯉で、そのあと修正個所に気づいても、修正することは一切できませんでした。しかし、平成24年の改正で、不備があった場合には、補正をすることができるようになりました。ただし、補正を行うことができるのは、都道府県または指定都市の条例で定める軽微なものにかぎります。また、補正が認められるのは、受理した日から1カ月に満たない場合です。

　たとえば、**東京都の場合、内容の同一性に影響を与えない範囲のもので、かつ、客観的に明白な誤記、誤字または脱字に係るものにかぎる**とされています。

≪縦覧期間がリセットされることはない

　なお補正したことで、今までの縦覧期間がリセットされ、また提出し直した日付から改めて縦覧期間がスタートするということはありません。

縦覧期間後、2カ月以内に審査される

　縦覧期間が経過したら、その後2カ月以内（受理日から4カ月以内）に、審査のうえ、認証、不認証が決定されます。

≪修正の指示が入ったら、修正して再提出する

　この審査期間中に都道府県庁から連絡が入ることがあります。これは、書類の一部修正などの指示がある場合なので、担当者からの指導どおりに書類を訂正して、再度、該当の書類を提出します。東京都の場合、提出の際には補正書類の「**再提出書**」を用意します。申請のときと同じ個人印を押印し、再提出書類を必要部数準備して、あわせて提出します。しばらくすると「認証」の通知が来ます。

　東京都以外の場合、事前相談の際にかなり細かく書類をチェックされるので、補正はないことが多いのですが、連絡があれば担当者の指示にしたがって準備してください。

≪不認証の場合

　また、不認証の場合は理由を付すこととなっているので、伝えられた理由の部分を直して、改めて申請をし直します。この場合、再度縦覧期間、審査期間があるので、設立完了までしばらく待つことになります。

● 「特定非営利活動法人設立認証申請」に係る補正書類の再提出について　例

平成〇〇年〇〇月〇〇日

東京都知事　殿

申請法人名称　NPO法人One＆にゃんサポート協会
申請者住所　　東京都文京区本郷〇丁目〇番〇号
申請者氏名　　杉本有美　㊞
連絡先電話　　03-0000-0000
ＦＡＸ　　　　03-0000-0000

「特定非営利活動法人設立認証申請」に係る補正書類の再提出について

「特定非営利活動法人設立認証申請」に係る書類を補正しましたので、補正後の書類を下記のとおり再提出します。

記

書　類　名	提出部数（備考）
定款	1部　（ページ繰りが変わらなければ該当ページのみ。ページ繰りに変更があれば第1条～附則のすべて）
役員名簿及び報酬を受ける役員の名簿	1部
就任承諾書及び宣誓書	1部　（該当者分の写し、印影のはっきりしているもの）
各役員の住所または居所を証する書面	1部　（該当者分の住民票等は交付を受けたそのもの）
社員のうち10人以上の者の名簿	1部
確認書	1部　（押印のある原本）
設立趣旨書	1部　（押印のある原本）
設立総会議事録	1部　（議事録署名人の押印があるものの謄本）
事業計画書（設立当初年度分・翌年度分）	各1部　（特定非営利活動に係る事業・その他事業）
活動予算書（設立当初年度分・翌年度分）	各1部　（特定非営利活動に係る事業・その他事業）

再提出するものに○をつけて提出します

≪認証されれば「認証書」がもらえる

　さて、**無事に認証されたら、念願の認証書を手にすることができます。**認証書は、書留で郵送されたり、担当課のNPO窓口まで取りにいくケースなど、各都道府県庁によってまちまちです。

● 認証書（東京都）例

```
                                        ○○生都管特第○○○○号
                                        平成○○年○○月○○日

                    認　証　書
                        住　所　東京都文京区本郷○丁目○番○号
                        氏　名　杉本有美

  平成○○年○○月○○日付で申請のあった下記の特定非営利活動法人の設立
については、特定非営利活動促進法第12条第1項の規定に基づき、認証します。

                東京都知事　　○○○○         [知事印]
                      記
  1　特定非営利活動法人の名称
      NPO法人One&にゃんサポート協会
  2　代表者の氏名
      杉本有美
  3　主たる事務所の所在地
      東京都千代田区飯田橋○丁目○番○号
```

● 認証書（千葉県）例

```
                                        千葉県県交文指令第○○○○号

                        住　所　千葉県松戸市東平賀○丁目○番○号
                        氏　名　杉本有美

  平成○○年○○月○○日に申請のあったNPO法人One&にゃんサポート協会
の設立については、特定非営利活動促進法（平成10年法律第7号）第12条第
1項の規定により認証する。

    平成○○年○○月○○日

                    千葉県知事　　○○○○   [知事印]
```

（次頁に続く）

● **認証書（埼玉県）例**

指令NPO第〇〇〇〇号

住　所　埼玉県越谷市宮本町〇丁目〇番〇号
氏　名　杉本有美

　平成〇〇年〇〇月〇〇日に申請を受け付けた下記の特定非営利活動法人の設立については、特定非営利活動促進法（平成10年法律第7号）第12条第1項の規定により、認証します。

平成〇〇年〇〇月〇〇日

埼玉県知事　〇〇〇〇　　知事印

記

1　特定非営利活動法人の名称
　　NPO法人One&にゃんサポート協会

2　代表者の氏名
　　杉本有美

3　主たる事務所の所在地
　　埼玉県さいたま市浦和区木崎〇丁目〇番〇号

「認証書」のスタイルは
都道府県によってまちまちです。
手元に届いたら大切に保管しておきましょう。

この章の中で、何月何日に●●●をしようと決めたらここに書き込んで、実際にやったらチェックを入れましょう。

月　　日 ＿＿＿＿＿＿＿＿＿＿ □
月　　日 ＿＿＿＿＿＿＿＿＿＿ □
月　　日 ＿＿＿＿＿＿＿＿＿＿ □

第6章

登記をしましょう

　無事に、認証の通知が届いたらほっとしたのではないでしょうか。

　しかし、安心しているのもつかの間、認証の通知を受けた日から2週間以内にNPO法人の事務所を管轄する法務局で登記をしなくてはなりません。

　登記を完了して、はじめてNPO法人が成立します。

　認証の時期が近くなったら、登記の準備を少しずつ進めておくとスムーズに申請できます。

6-1 認証書が届いたら準備するもの

1. NPOの印鑑と財産目録

NPO法人の印鑑

　認証書が到達した日から２週間以内に、NPO法人の設立登記をしなくてはなりません。この登記をすることによってNPO法人が成立したことになります。

　まず登記をするために、NPO法人の印鑑を作成します。

　印鑑の大きさは、一辺の長さが「10ミリ以上、30ミリ以内」の正方形に収まるものにします。

　印鑑は、街のはんこ屋さんやインターネット上の通信販売などで購入できます。印鑑に記載する内容に決まりはありません。どんな文言でもいいですし**もちろん手持ちの印鑑を登録してもよいのですが、せっかくなのでそのNPO法人の名称が入った印鑑をつくるようにしましょう。**

　印鑑は次頁のような3点セットで用意することが多いのですが、登記の際に使用するのは実印になります。

　実印と銀行印は形がともに丸いのが一般的なので、登記申請する際に間違えないように気をつけましょう。

≪法人実印

　登記申請の際に法務局に登録される印鑑で、最も重要な印鑑です。次に説明する、銀行印、角印は必ずしも作成する必要はないのですが、法人の実印は必ず必要です。

≪銀行印

　銀行口座開設時の届出印として、またその後の銀行取引、小切手、手形などに使用するものです。もちろん、法人実印を銀行印として利用してもかまいませんが、紛失などのリスクを考え、安全上、一般的に分けてつくるようにします。

≪角印

　法人の発行する納品書、請求書、領収書などの押印に用います。日常の取引のすべてに実印を押していると、紛失や外部への持ち出しなどの危険性があります。前述のとおり、法人実印は非常に重要な印鑑なので、特定の責任者のみが管理する状態にしておきましょう。

● NPO法人の印鑑　例

実印　　銀行印　　角印

代表者個人の印鑑登録証明書

　さらに、**代表者の個人の印鑑登録証明書が必要**です。交付から3カ月以内のものが必要なので、認証が下りてから取りにいきましょう。

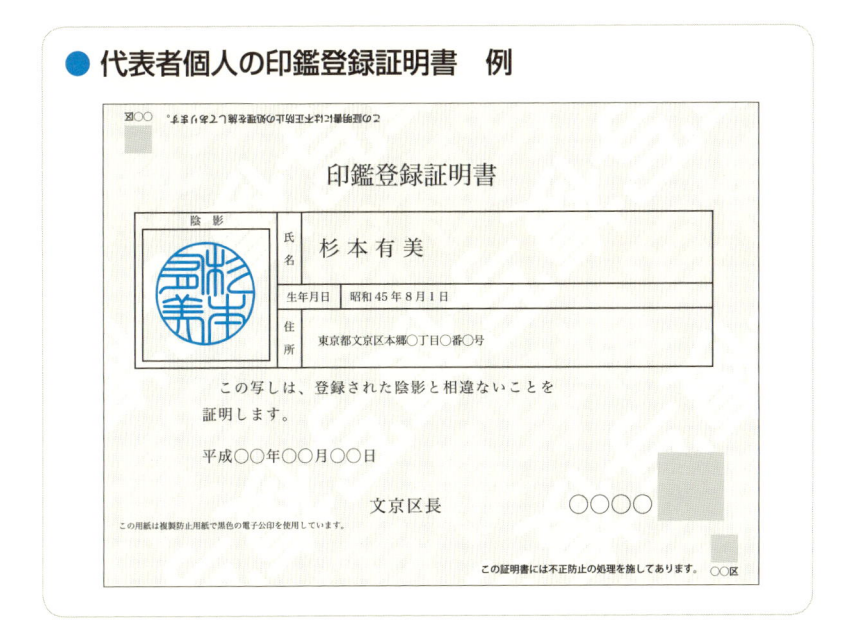

● 代表者個人の印鑑登録証明書　例

（次頁に続く）

設立当初の財産目録

　法人の設立時に、設立当初の財産目録を作成します。設立当初のNPO法人の財産目録で、たとえば会費を現金で預かっていれば、その金額を書きます。スタート時は0円でもかまいません。この金額は登記簿に記載されます。

● 財産目録　例

財 産 目 録

成立の日現在

特定非営利活動法人の名称	NPO法人One＆にゃんサポート協会

科　目	金　額		
I　資産の部			
1　流動資産			
現　金	0		
流　動　資　産　合　計		0	
2　固定資産	0		
固　定　資　産　合　計		0	
資　産　合　計			0
II　負債の部			
1　流動負債	0		
流　動　負　債　合　計		0	
2　固定負債	0		
固　定　負　債　合　計		0	
負　債　合　計			0
正　味　財　産			0

6-1 認証書が届いたら準備するもの
2. 登記書類に書くことを確認する

NPO法人の設立登記で、主たる事務所において登記すべき6項目

≪❶ 名称

NPO法人の名称です。

≪❷ 事務所の所在場所

NPO法人の主たる事務所の所在地を記載します。定款の2条の部分になりますが、2条が市区町村までの記載しかしていない場合には、登記にあたっては具体的な所在地の地番まで記載します。

≪❸ 目的および業務

定款に記載された目的、活動の種類、事業の種類を記載します。定款の3条から5条にかけての部分になります。

≪❹ 代表権を有する者の氏名、住所、資格

代表者の氏名、住所は住民票の記載どおりにします。また、**資格は「理事長」「代表理事」などではなく、登記上は「理事」**になります。

≪❺ 存立期間または解散の事由を定めたときは、その期間または事由

定款に規定しない場合、記載する必要はありません。

≪❻ 代表権の範囲または制限に関する定めがあるときは、その定め

定めていなければ記載しません。

≪❼ 資産の総額

正味財産（資産から負債を引いたもの）を登記します。

6-1 認証書が届いたら準備するもの

3. 準備する必要書類

❶ 設立登記申請書　156頁参照

　設立の登記をするための申請書で、法人名や所在地、登記事由、認証書の到達日や添付書類などを記載します。

❷ 定款　157頁参照

　定款の末尾に「当法人の定款に相違ありません。」と記載し、NPO法人の届出印を押印します。

❸ 認証書とそのコピー　158頁参照

　都道府県庁から受け取った認証書をコピーします。そのうえで、そのコピーの末尾に「上記原本と相違ありません。」と記載し、NPO法人の届出印を押印します。これを**「原本証明」**といいます。

❹ 資産の総額を証する書面（財産目録）
　159頁参照

　財産目録の末尾に「当法人の財産目録に相違ありません。」と記載し、NPO法人の届出印を押印します。

❺ 代表権を有する者の資格を証する書面（就任承諾書）　160頁参照

　代表権を有する理事の就任承諾書を添付します。理事および理事長と

しての就任承諾が必要です（理事全員が各自代表する場合は、理事としての就任承諾書だけでかまいません）。

❻ 登記すべき事項を記載したもの
161頁参照

　登記すべき事項をOCR用申請用紙に記載するか、テキストファイルに書いてCD-Rに記録したものを提出します。
　OCR申請用紙に作成する場合、その用紙にきちんと印刷するためには、位置調整などが必要なので、プリントアウトする際に結構失敗してしまいます。なので、CD-Rのほうが簡単でお勧めです。
　本書ではCD-Rで作成する場合の記載例を挙げていますが、どちらでもかまいません。

❼ 印鑑届書　162頁参照

　NPO法人の届出印を登記所に提出する必要があります。そのために「**印鑑届書**」を作成して提出します。法務局に用紙が置いてありますが、法務省のサイトからもダウンロードできるので（http://www.moj.go.jp/ONLINE/COMMERCE/11-2.html）、わざわざ取りに行かなくても大丈夫です。
　印鑑届書はB5サイズの用紙ですが、A4でプリントアウトしたものを使っても問題ありません。

> 認証から6カ月経っても登記をしないと、認証が取り消されることがあるので気をつけましょう。

（次頁に続く）

● 特定非営利活動法人設立登記申請書　例

> 「捨て印」
> NPO法人の実印を余白に押印しておくと、軽微な修正は法務局が行ってくれます

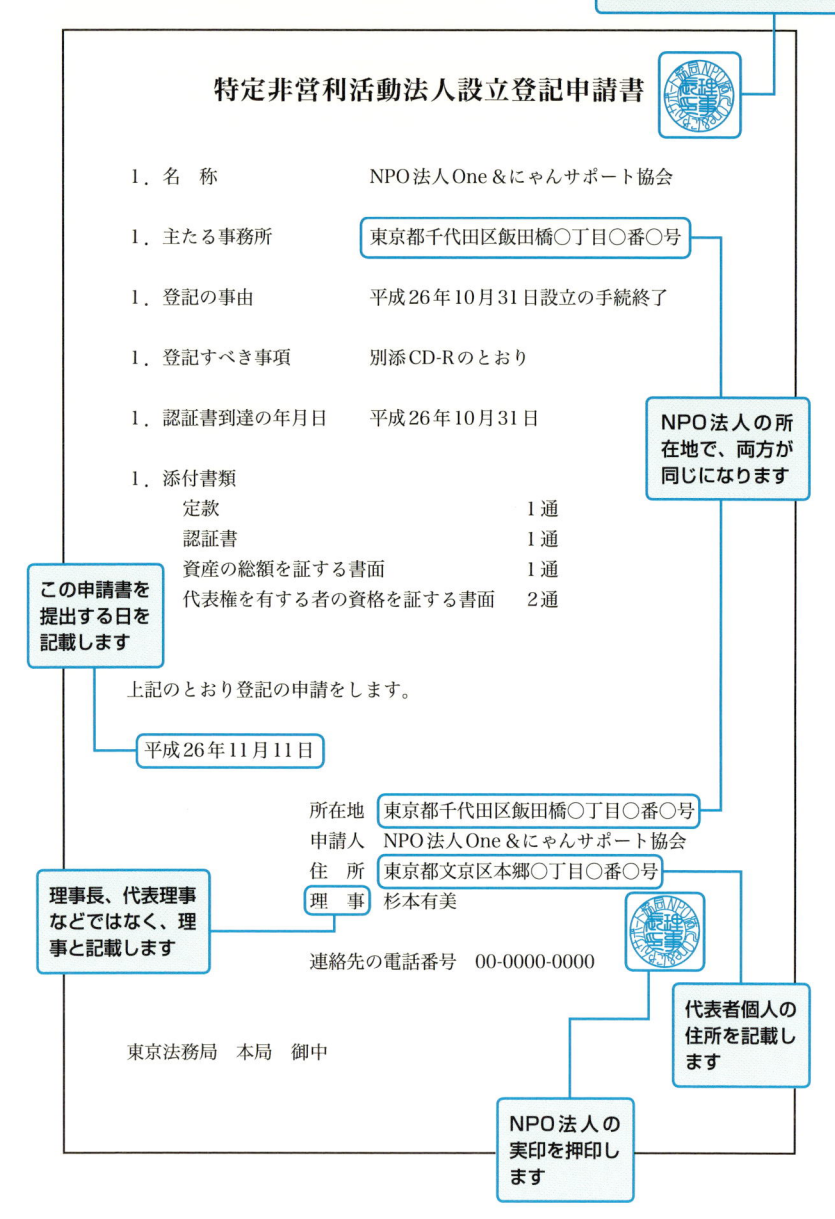

特定非営利活動法人設立登記申請書

1．名　　称　　　　　　NPO法人One＆にゃんサポート協会

1．主たる事務所　　　　東京都千代田区飯田橋○丁目○番○号

1．登記の事由　　　　　平成26年10月31日設立の手続終了

1．登記すべき事項　　　別添CD-Rのとおり

1．認証書到達の年月日　平成26年10月31日

1．添付書類
　　定款　　　　　　　　　　　　　　　1通
　　認証書　　　　　　　　　　　　　　1通
　　資産の総額を証する書面　　　　　　1通
　　代表権を有する者の資格を証する書面　2通

　　上記のとおり登記の申請をします。

　　平成26年11月11日

　　　　　　　　　　　所在地　東京都千代田区飯田橋○丁目○番○号
　　　　　　　　　　　申請人　NPO法人One＆にゃんサポート協会
　　　　　　　　　　　住　所　東京都文京区本郷○丁目○番○号
　　　　　　　　　　　理　事　杉本有美

　　　　　　　　　　　連絡先の電話番号　00-0000-0000

　東京法務局　本局　御中

注釈：
- NPO法人の所在地で、両方が同じになります
- この申請書を提出する日を記載します
- 理事長、代表理事などではなく、理事と記載します
- 代表者個人の住所を記載します
- NPO法人の実印を押印します

● 定款 例

● ホチキスで留める

❶ 2カ所をホチキスで留める

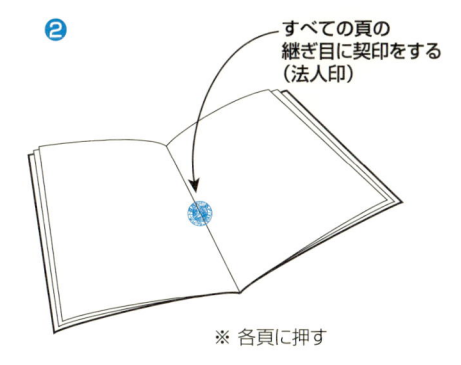

❷ すべての頁の継ぎ目に契印をする（法人印）
※ 各頁に押す

第10章 雑　則

（細　則）
第58条 この定款の施行について必要な細則は、理事会の議決を経て、理事長がこれを定める。

附　則
1　この定款は、この法人の成立の日から施行する。
2　この法人の設立当初の役員は、次のとおりとする。
　　理事長　　杉本有美
　　副理事長　石田拓郎
　　理　事　　神田浩市
　　監　事　　逢沢さゆり
3　この法人の設立当初の役員の任期は、この定款の規定にかかわらず、この法人の成立の日から平成28年1月31日までとする。
4　この法人の設立当初の事業年度は、この定款の規定にかかわらず、この法人の成立の日から平成27年10月31日までとする。
5　この法人の設立当初の事業計画および収支予算は、この定款の規定にかかわらず、設立総会の定めるところによる。
6　この法人の設立当初の入会金および会費は、この定款の規定にかかわらず、次に掲げる額とする。
　　(1) 入会金　　正会員（個人・団体）　　　0円
　　　　　　　　賛助会員（個人・団体）　　　0円
　　(2) 年会費　　正会員（個人・団体）　　5000円
　　　　　　　　賛助会員（個人・団体）
　　　　　　　　　　　　　1口1,000円　5口以上

当法人の定款に相違ありません。
　平成26年11月11日
　　NPO法人One＆にゃんサポート協会
　　理事　杉本有美

> 定款をプリントアウトし、全頁の間にNPO法人の実印で契印して、最終ページの下段余白にこの文言を記載のうえ、NPO法人の実印を押印します

第5章　申請受理から認証までの流れ
第6章　登記をしましょう
第7章　設立後の届け出と運営について
第8章　認定NPO法人

（次頁に続く）

● 認証書のコピー（原本証明）例

○○生都管特第○○○○号
平成26年10月31日

認 証 書

住　所　東京都文京区本郷○丁目○番○号
氏　名　杉本有美

　平成26年7月8日付で申請のあった下記の特定非営利活動法人の設立については、特定非営利活動促進法第12条第1項の規定に基づき、認証します。

東京都知事　　○○○○　　[知事印]

記

1　特定非営利活動法人の名称
　　NPO法人One＆にゃんサポート協会
2　代表者の氏名
　　杉本有美
3　主たる事務所の所在地
　　東京都千代田区飯田橋○丁目○番○号

> 上記原本と相違ありません。
> 　平成26年11月11日
> 　NPO法人One＆にゃんサポート協会
> 　　理事　杉本有美　[印]

認証書をコピーし、この文言を記載のうえ、NPO法人の実印を押印します

● 財産目録 例

財産目録

成立の日現在

特定非営利活動法人の名称	NPO法人One＆にゃんサポート協会

科　目	金　額		
I　資産の部			
1　流動資産			
現　金	0		
流動資産合計		0	
2　固定資産	0		
固定資産合計		0	
資　産　合　計			0
II　負債の部			
1　流動負債			
流動負債合計	0		
		0	
2　固定負債	0		
固定負債合計		0	
負　債　合　計			0
正　味　財　産			0

当法人の財産目録に相違ありません。
平成26年11月11日
NPO法人One＆にゃんサポート協会

理事　杉本有美　㊞

> 財産目録の下段余白に記載のうえ、NPO法人の実印を押印します

（次頁に続く）

● 就任承諾書（理事および理事長） 例

> 特定の理事（理事長など）のみが法人を代表する場合、次の２つの書類を添付します

● 理事としての就任承諾書

就任承諾書

私は、今般理事に選任されたのでその就任を承諾します。

平成26年5月12日

　　　　　　　　　　　　　東京都文京区本郷 ○丁目○番○号

　　　　　　　　　　　　　杉 本 有 美　㊞

NPO法人One＆にゃんサポート協会御中

● 理事長としての就任承諾書

就任承諾書

私は、今般理事長に選任されたのでその就任を承諾します。

平成26年5月12日

　　　　　　　　　　　　　東京都文京区本郷 ○丁目○番○号

　　　　　　　　　　　　　杉 本 有 美　㊞

NPO法人One＆にゃんサポート協会御中

● 登記すべき事項を記載したもの　例

> ファイルはテキスト形式で作成し、CD-Rに記録します

```
「名　称」NPO法人One＆にゃんサポート協会
「主たる事務所」東京都千代田区飯田橋○丁目○番○号
「目的等」
　　目的および事業
この法人は、広く一般市民を対象として、動物の適正飼育の相談、情報提供、
動物愛護精神の普及啓発活動等を行い、もって社会教育の推進を図るとと
もに、人と動物がよりよい関係で共存する社会環境の実現に寄与すること
を目的とする。
この法人は、上記の目的を達成するため、次の種類の特定非営利活動を行う。
(1) 社会教育の推進を図る活動
この法人は、上記の目的を達成するため、特定非営利活動に係る事業として、
次の事業を行う。
(1) 動物の適正飼育等に関する情報提供、啓発事業
(2) 動物の保護と里親探しに関する事業
「役員に関する事項」
「資格」理事
「住所」東京都文京区本郷○丁目○番○号
「氏名」杉本有美
「資産の総額」金0円
「登記記録に関する事項」設立
```

(次頁に続く)

● 印鑑届書 例

法人の実印を押印します。この印影が登録されるので、鮮明に押印しましょう

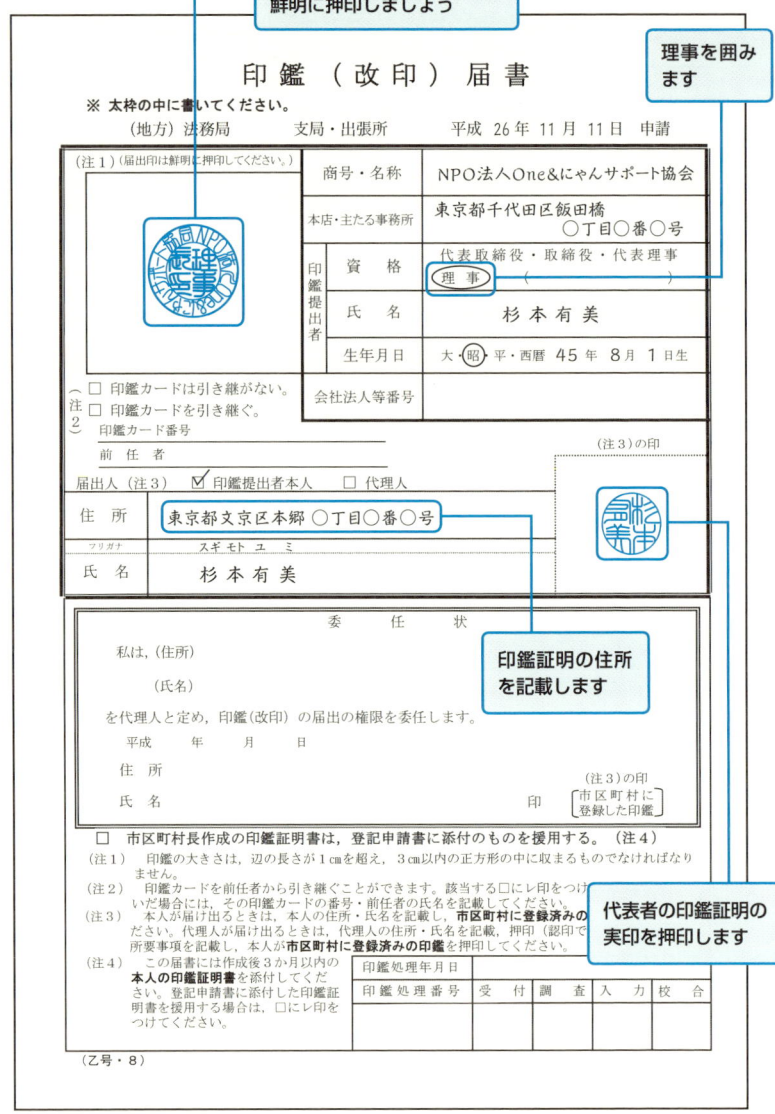

理事を囲みます

印鑑（改印）届書

※ 太枠の中に書いてください。

（地方）法務局　　支局・出張所　　平成 26 年 11 月 11 日 申請

（注1）(届出印は鮮明に押印してください。)	商号・名称	NPO法人One&にゃんサポート協会
	本店・主たる事務所	東京都千代田区飯田橋 ○丁目○番○号
印鑑提出者	資格	代表取締役・取締役・代表理事 (理事)　（　　　）
	氏名	杉本有美
	生年月日	大・(昭)・平・西暦 45 年 8 月 1 日生

□ 印鑑カードは引き継がない。
□ 印鑑カードを引き継ぐ。
印鑑カード番号
前任者

会社法人等番号	

届出人（注3）　☑ 印鑑提出者本人　□ 代理人

住所　東京都文京区本郷○丁目○番○号

フリガナ　スギモト　ユ　ミ
氏名　杉本有美

（注3）の印

印鑑証明の住所を記載します

委 任 状

私は、(住所)
　　　(氏名)
を代理人と定め、印鑑(改印)の届出の権限を委任します。
　平成　　年　　月　　日
住　所
氏　名　　　　　　　　　　　印

（注3）の印
市区町村に登録した印鑑

□ 市区町村長作成の印鑑証明書は，登記申請書に添付のものを援用する。（注4）

（注1）　印鑑の大きさは，辺の長さが1cmを超え，3cm以内の正方形の中に収まるものでなければなりません。
（注2）　印鑑カードを前任者から引き継ぐことができます。該当する□にレ印をつけいだ場合には，その印鑑カードの番号・前任者の氏名を記載してください。
（注3）　本人が届け出るときは，本人の住所・氏名を記載し，市区町村に登録済みのださい。代理人が届け出るときは，代理人の住所・氏名を記載し，押印（認印で所要事項を記載し，本人が市区町村に登録済みの印鑑を押印してください。
（注4）　この届書には作成後3か月以内の本人の印鑑証明書を添付してください。登記申請書に添付した印鑑証明書を援用する場合は，□にレ印をつけてください。

印鑑処理年月日					
印鑑処理番号	受付	調査	入力	校合	

代表者の印鑑証明の実印を押印します

(乙号・8)

6-2 登記の申請と完了

1. 申請 登記書類を提出しに行く

　書類がそろったら、主たる事務所の管轄の法務局に申請に行きます。郵送でもかまいませんが、NPO法人の設立登記申請の場合、原本を提示して還付を受ける「原本還付」などもあるので、**直接申請に行くようにしましょう**。なお、NPO法人の登記の際には登録免許税は不要です。

事前に窓口で相談してみる

　法務局では、登記の受付をする場所の近くに、登記の相談コーナーが設けられています。申請の前に、事前に確認してもらうようにしましょう。

　本書では、一般的なNPO法人を例にしてサンプルを作成していますが、定款で所在地を最小行政区画まで定めていない場合や理事全員が代表権を有する場合など、ケースごとに用意する書類が異なってきます。相談コーナーで一度書類を見てもらっておくと安心です。

法人設立日に希望がある場合

　法人設立日は登記が完了した日ではなく、設立登記申請の受付日になるので、大安など、**日取りにこだわる場合は、設立希望日に提出します**。

申請の際の手順と注意すること

≪❶ 持っていくもの

　申請の際には、作成した申請書類一式（次頁の8つ）と、原本証明をしたものは原本も一緒に持っていきます。

● **必要書類**

1. 設立登記申請書 156頁参照
2. 定款 157頁参照
3. 認証書のコピー（原本証明したもの）158頁参照
4. 資産の総額を証する書面（設立当初の財産目録）159頁参照
5. 代表権を有する者の資格を称する書面（就任承諾書）160頁参照
6. 登記すべき事項（CD-R）161頁参照
7. 印鑑届書 162頁参照
8. 代表者個人の印鑑登録証明書 151頁参照
● 認証書の原本

≪❷ 窓口に着いたら

　用意した書類と認証書の原本を提出します。担当者が原本証明したコピーと原本を比較し、同じものであることを確認してから、原本を返却してくれます。

≪❸ 登記完了予定日を教えてもらう

　申請書類を提出した際に登記完了予定日を教えてもらえます。それまでに不備などがあった場合には法務局から連絡があるので、その指示にしたがいます。何も連絡がなければ、登記完了予定日に無事に登記が完了したことになります。

> 登記の相談窓口で、事前に書類をチェックしてもらうと安心です。

6-2 登記の申請と完了

2. 完了 「登記事項証明書」を取得して「印鑑カード」をつくる

印鑑カードをつくっておく

　印鑑カードもつくることができるようになります。印鑑カードとは、届出をした印鑑の印鑑証明を出してもらうときに必要になるものです。個人の印鑑証明を取るときも、印鑑カードがありますが、それと同じようなものです。**印鑑カードは管轄の法務局でしか作成できません。**なので、登記を申請した法務局に行きましょう。法人の届出印を持参し、窓口の「**印鑑カード交付申請書**」（166頁参照）に必要事項を記入して提出すれば、数分で作成してくれます。

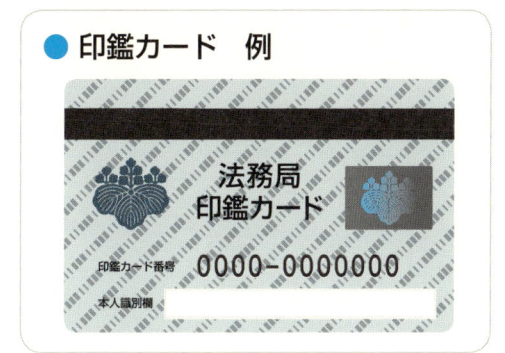

● 印鑑カード　例

登記事項証明書や印鑑証明書を取得しておく

　無事に登記が完了したら、登記事項証明書を取得することができるようになります。各種届出に必要になるので、何通か取得しておくとよいでしょう。登記事項証明書は全国各地のどの法務局でも取得できます。
　また印鑑カードができたら、NPO法人の「**印鑑証明書**」も一緒に取っておきましょう。登記事項証明書も印鑑証明書も法務局の窓口で「**印鑑証明書及び登記事項証明書交付申請書**」（167頁参照）に必要事項を記入して申請します。

（次頁に続く）

● 印鑑カード交付申請書　例

印鑑カード交付申請書			
※ 太枠の中に書いてください。			照合印

（注1）登記所に提出した印鑑の押印欄	商号・名称	NPO法人One&にゃんサポート協会	
	本店・主たる事務所	東京都千代田区飯田橋○丁目○番○号	
	印鑑提出者	資格	代表取締役・取締役・代表理事 (理事) ( )
		氏名	杉本有美
（印鑑は鮮明に押印してください。）		生年月日	明・大・(昭)・平・西暦 45 年 8 月 1 日生
	会社法人等番号		

申請人（注2）　☑印鑑提出者本人　□代理人

住所	東京都文京区本郷○丁目○番○号	連絡先	①勤務先　2 自宅
フリガナ	スギモト　ユミ		電話番号
氏名	杉本有美		00-0000-0000

委任状

私は、(住所)
　　　　(氏名)
を代理人と定め、印鑑カードの交付申請及び受領の権限を委任します。
　平成　　年　　月　　日
　住所
　氏名　　　　　　　　　　　　　　　　　印　[登記所に提出した印鑑]

（注1）押印欄には、登記所に提出した印鑑を押印してください。
（注2）該当する□に✓印をつけてください。代理人の場合は、代理人の住所・氏名を記載してください。その場合は、委任状に所要事項を記載し、登記所に提出した印鑑を押印してください。

交付年月日	印鑑カード番号	担当者印	受領印又は署名

(乙号・9)

● **印鑑証明書及び登記事項証明書交付申請書　例**

会社法人用	印鑑証明書及び 登記事項証明書　交付申請書

※ 太枠の中に書いてください。

（地方）法務局　　支局・出張所　　平成 26 年 11 月 20 日 申請

窓口に来られた人 （申請人）	住所	東京都文京区本郷〇丁目〇番〇号	収入印紙欄
	フリガナ 氏名	スギモト　ユミ 杉本有美	収入印紙
商号・名称 （会社等の名前）		NPO法人One&にゃんサポート協会	
本店・主たる事務所 （会社等の住所）		東京都千代田区飯田橋〇丁目〇番〇号	
支配人・参事等を置い た営業所又は事務所			収入印紙
印鑑提出者	資格	代表取締役・取締役・代表社員・代表理事・㊙理事・支配人 （　　　　　　　　　　　　）	
	氏名	杉本有美	
	生年月日	大・㊙・平・西暦 45 年 8 月 1 日生	収入印紙は割印をしないでここに貼ってください □ □登記印紙も使用可能□
印鑑カード番号			

請　求　事　項	請求通数
①印鑑証明書　　□代理人 ※代理人の場合は，□代理人にレ印をつけてください。 ※代理人の場合も，委任状は必要ありません。 ※必ず印鑑カードを添えて申請してください。	2 通
②履歴事項全部証明書（謄本） （閉鎖されていない登記事項全部の証明） ※現在効力がある登記事項に加えて、当該証明書の交付の請求があった日の 3年前の日の属する年の1月1日から請求があった日までの間に抹消された 事項等を記載したものです。	2 通
③現在事項全部証明書（謄本） （現在効力がある登記事項全部の証明）	通
④代表者事項証明書　　（代表権のある者の証明） ※2名以上の代表者がいる場合で、その一部の者の証明のみを請求する は、その代表者の氏名を記載してください。 （氏：　　　　　　　　　　　　　　）	通

交付通数	交付枚数	整理番号	手数料	受付・交付年月日

（乙号・12）

（次頁に続く）

● 印鑑証明書　例

```
○ 0000000

              印 鑑 証 明 書

                      会社法人等番号　000-00-000000


                         [印影]


       商　　号    NPO法人 One& にゃんサポート協会
       本　　店    東京都千代田区飯田橋○丁目○番○号
       理　　事    杉本有美
                 昭和45年8月1日生


       これは提出されている印鑑の写しに相違ないことを証明する。
                 平成○○年○○月○○日
                 東京法務局○○出張所
                 登記官                 ○  ○  ○  ○

       整理番号　○000000
                                         0000000○
```

法人の印鑑証明書を取得するには、必ず印鑑カードが必要です。

この章の中で、何月何日に●●●をしようと決めたらここに書き込んで、実際にやったらチェックを入れましょう。

月	日	
月	日	
月	日	

第7章

設立後の届け出と運営について

　無事に登記が完了し、これでみなさんのNPO法人が誕生しました！

　このあと、もう少し各種の届け出が必要になるので忘れずに行いましょう。

　また、設立後の届け出が終わったあとも、NPO法人を運営していくにあたり、毎年作成すべき書類や、さまざまな手続きがあります。

　そのNPO法人が、毎年必要な書類をきちんと提出しているかどうかは、各都道府県庁のホームページでわかります。運営がしっかりしていれば周囲の信頼を得ることができます。

　自分たちでNPO法人の設立ができたのであれば、あとはそれほど難しいことではありません。自信を持って運営してください。

7-1 設立登記完了後に行う届出

1. 都道府県庁への設立登記完了届出書

登記が完了したら都道府県庁に届け出を行う

「設立登記完了届出書」は、NPO法人の設立登記が完了したことを都道府県庁に届け出るための書類です。登記が終わって安心してしまい、登記完了届出書を提出するのを忘れるケースがかなりあるようですが、必須の手続きなので、忘れずに提出するようにしましょう。

各都道府県庁で提出書類や部数が異なるので、それぞれの管轄の都道府県の案内を読んで、必要なものをそろえて提出しましょう。なお、書類への押印は、法務局に届け出をした印鑑で行います。

● 東京都の場合

届出先	東京都庁
必要書類	設立登記完了届出書 172頁参照 登記事項証明書※ 173頁参照 登記事項証明書のコピー 財産目録 174頁参照
期　日	登記後遅滞なく
届出方法	持参または郵送

※ 登記事項証明書は「全部事項証明書」の「履歴事項証明書」を取得します。登記事項証明書交付申請書の書き方は次頁を参照してください。

また、紙の申請書ではなくタッチパネル方式の「証明書発行請求機」で申請することも可能です。現在、多くの法務局でこの機械が設置してあります。発行請求機を使った場合、申請書を記載しなくてもタッチパネルで請求でき、また発行時間も短縮されるので便利です。ただし、印鑑証明書を取得する場合には印鑑カードが必要なことは変わりません。

● **登記事項証明書交付申請書　例**

【会社法人用】

登記事項証明書
登記簿謄抄本　交付申請書
概要記録事項証明書

※太枠の中に書いてください。

窓口に来られた人（申請人）	住所	東京都文京区本郷 ○丁目○番○号
	フリガナ 氏名	スギモト ユミ 杉本有美

> 窓口に来た個人の住所と氏名を書きます

商号・名称（会社等の名前）	NPO法人One&にゃんサポート協会
本店・主たる事務所（会社等の住所）	東京都千代田区飯田橋 ○丁目○番○号
会社法人等番号	

収入印紙欄

収入印紙

収入印紙

> 1通につき600円の収入印紙を貼ります

※必要なものの□にレ印をつけてください。

請　求　事　項　　　請求通数

①全部事項証明書（謄本）
- ☑ 履歴事項証明書　（閉鎖されていない登記事項の証明）
- □ 現在事項証明書　（現在効力がある登記事項の証明）
- □ 閉鎖事項証明書　（閉鎖された登記事項の証明）

1 通

> チェックを入れます

②一部事項証明書（抄本）
- □ 履歴事項証明書
- □ 現在事項証明書
- □ 閉鎖事項証明書

※商号・名称区及び会社・法人状態区は、どの請求にも表示されます。

※必要な区を選んでください。
- □ 株式・資本区
- □ 目的区
- □ 役員区
- □ 支配人・代理人区

※2名以上の支配人・参事等がいる場合で、その一部の者のみを請求するときは、その支配人・参事等の氏名を記載してください。
（氏名　　　　　　　　　）
（氏名　　　　　　　　　）
- □ その他（　　　　　　　）

通

> 通数を記入します

③□代表者事項証明書　（代表権のある者の証明）
※2名以上の代表者がいる場合で、その一部の者の証明のみを請求するときは、その代表者の氏名を記載してください。（氏名　　　　　）

④コンピュータ化以前の閉鎖登記簿の謄抄本
- □ コンピュータ化に伴う閉鎖登記簿謄本
- □ 閉鎖謄本（　　　年　　月　　日閉鎖）
- □ 閉鎖役員欄（　　　年　　月　　日閉鎖）
- □ その他（　　　　　　　　　　　　　）

通

⑤概要記録事項証明書
- □ 現在事項証明書（動産譲渡登記事項概要ファイル）
- □ 現在事項証明書（債権譲渡登記事項概要ファイル）
- □ 閉鎖事項証明書（動産譲渡登記事項概要ファイル）
- □ 閉鎖事項証明書（債権譲渡登記事項概要ファイル）

※請求された登記記録がない場合には、記録されている事項がない旨の証明が発行されます。

通

（収入印紙は割印をしないでここに貼ってください。）
（登記印紙も使用可能）

交付通数	交付枚数	手数料	受付・交付年月日

（乙号・6）

(次頁に続く)

● 設立登記完了届出書　例

平成26年11月25日

郵便番号　〒000-0000
特定非営利活動法人の所在地
　　東京都千代田区飯田橋○丁目○番○号
特定非営利活動法人の名称
　　NPO法人One＆にゃんサポート協会
代表者氏名　杉本有美
電話番号　　03-0000-0000
ファクシミリ番号　03-0000-0000

> NPO法人の実印を押印します

設立登記完了届出書

　設立の登記を完了したので、特定非営利活動促進法第13条第2項の規定により、届け出ます。

（届出書添付書類）
　この届出書に以下の書類を添付して提出してください。
（1）登記事項証明書　　　　1部
（2）登記事項証明書の写し　1部
（3）設立の時の財産目録　　2部

● **履歴事項全部証明書　例**

履歴事項全部証明書

東京都千代田区飯田橋○丁目○番○号
NPO法人One＆にゃんサポート協会
会社法人番号　0000-00-000000

名　称	NPO法人One＆にゃんサポート協会
主たる事業所	東京都千代田区飯田橋○丁目○番○号
法人成立の年月日	平成26年11月11日
目的等	＜目的および事業＞ この法人は、広く一般市民を対象として、動物の適正飼育の相談、情報提供、動物愛護精神の普及啓発活動等を行い、もって社会教育の推進を図るとともに、人と動物がよりよい関係で共存する社会環境の実現に寄与することを目的とする。 この法人は、上記の目的を達成するため、次の種類の特定非営利活動を行う。 (1) 社会教育の推進を図る活動 この法人は、上記の目的を達成するため、特定非営利活動に係る事業として、次の事業を行う。 　(1) 動物の適正飼育等に関する情報提供、啓発事業 　(2) 動物の保護と里親探しに関する事業
役員に関する事項	東京都文京区本郷○丁目○番○号 理事　杉本有美
資産の総額	金0円
登記記録に関する事項	設立 　　　　　　　　　　　　　　平成26年11月11日登記

これは登記簿に記載されている閉鎖されていない事項の全部であることを証明した書面である。
（○○法務局管轄）
　　　　　　　　平成26年11月19日
　　　　　　○○法務局
　　　　　　登記官　　　　　　○　○　○　○　　　登記官印

整理番号　ム000000　＊下線のあるものは抹消事項であることを示す。

（次頁に続く）

● 財産目録　例

財産目録

平成26年11月11日現在

特定非営利活動法人の名称	NPO法人One＆にゃんサポート協会

科　目	金　額		
Ⅰ　資産の部			
1　流動資産			
現　金	0		
流動資産合計		0	
2　固定資産	0		
固定資産合計		0	
資　産　合　計			0
Ⅱ　負債の部			
1　流動負債	0		
流動負債合計		0	
2　固定負債	0		
固定負債合計		0	
負　債　合　計			0
正　味　財　産			0

7-1 設立登記完了後に行う届出

2. 税務関係の届け出

都道府県税事務所・市町村役場への届け出手続き

　設立登記が完了したら、都道府県税事務所および市町村役場へ設立に関する届け出をします。事務所が東京23区内の場合には、都税事務所のみでかまいません。

届出先　都道府県税事務所、市町村役場
必要書類　「法人設立・設置届出書」「法人の設立等報告書」「事務所設置等申告書」など。書式の名称は地域により異なります
　　　　　　178頁参照
添付書類　登記事項証明書、定款など（東京都の場合。添付書類は地域により異なります）
期　日　各都道府県や、各市町村の条例で定められた日まで

※　事務所が東京23区内であれば、都税事務所への提出だけですみます。区役所への提出は不要です。

収益事業を行う場合、さらに税務署への届け出も必要

　税法上の収益事業を開始する場合には、上記に加えて、さらに「**収益事業開始届出書**」を税務署に届け出ます。収益事業として法人税の課税対象となるのは、34業種の事業（29頁参照）に該当するもので、継続して事業場を設けて行う場合になります。なお、青色申告の承認申請をすることもできます。

法人住民税の均等割の免除申請について

　税法上の収益事業を行っていない法人でも、法人住民税の均等割の納税義務があります。ただ、ほとんどの自治体で**「免除申請」**をすることで、均等割の免除をする制度があります。この点は各自治体に確認しましょう。

● **東京都の場合**
　毎年4月30日までに、所管の都税事務所などに次の書類を提出します。

> ❶ 都民税の均等割申告書
> ❷ 都民税（均等割）免除申請書など

　なお、4月30日までに上記の書類を提出しなかった場合は免除とならないため、期限には気をつけましょう。

　NPO法人を設立したあとの届け出として一般的に例示されているので、「収益事業開始届出書」を提出しなくてはならないものと思ってしまうことがよくあります。
　あるNPO法人の理事長が、設立後の届け出として、「収益事業開始届出書」を提出しようと税務署に出向くと、窓口の担当者が親切な人で「あなたの法人の事業内容を聞くと、提出しなくてもいいです」と言われ、それ以降は**「法人住民税の免除申請」**の手続きをして、税金がかからずに運営しています。
　一方、別のNPO法人のケースでは、設立後に、株式会社と同じように**「収益事業開始届出書」**と**「青色申告の承認申請書」**をしっかり提出したことで、何の収益事業も行っていないのに、毎年7万円の法人住民税を払い続けていたケースもあります。

　本書でサンプルとしている「NPO法人One＆にゃんサポート協会」の活動内容であれば、都税事務所に、「法人設立・設置届出書」を提出し、毎年4月に「法人住民税の免除申請」の手続きをすれば、税金はかからない形で運営できると考えられます。

● NPO法人の申告の概要

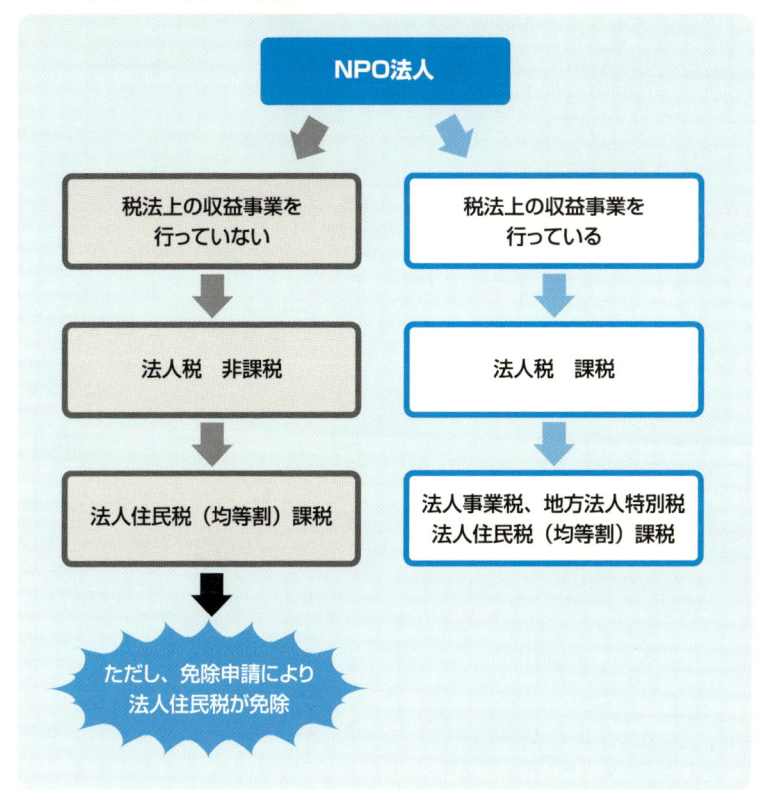

```
                        NPO法人
                   ↙              ↘
    税法上の収益事業を          税法上の収益事業を
      行っていない                行っている
           ↓                         ↓
      法人税　非課税              法人税　課税
           ↓                         ↓
    法人住民税（均等割）課税    法人事業税、地方法人特別税
                                法人住民税（均等割）課税
           ↓
    ただし、免除申請により
    法人住民税が免除
```

（次頁に続く）

● 法人設立（設置）届出書（事業開始等申告書／都税事務所・支所提出用）　例

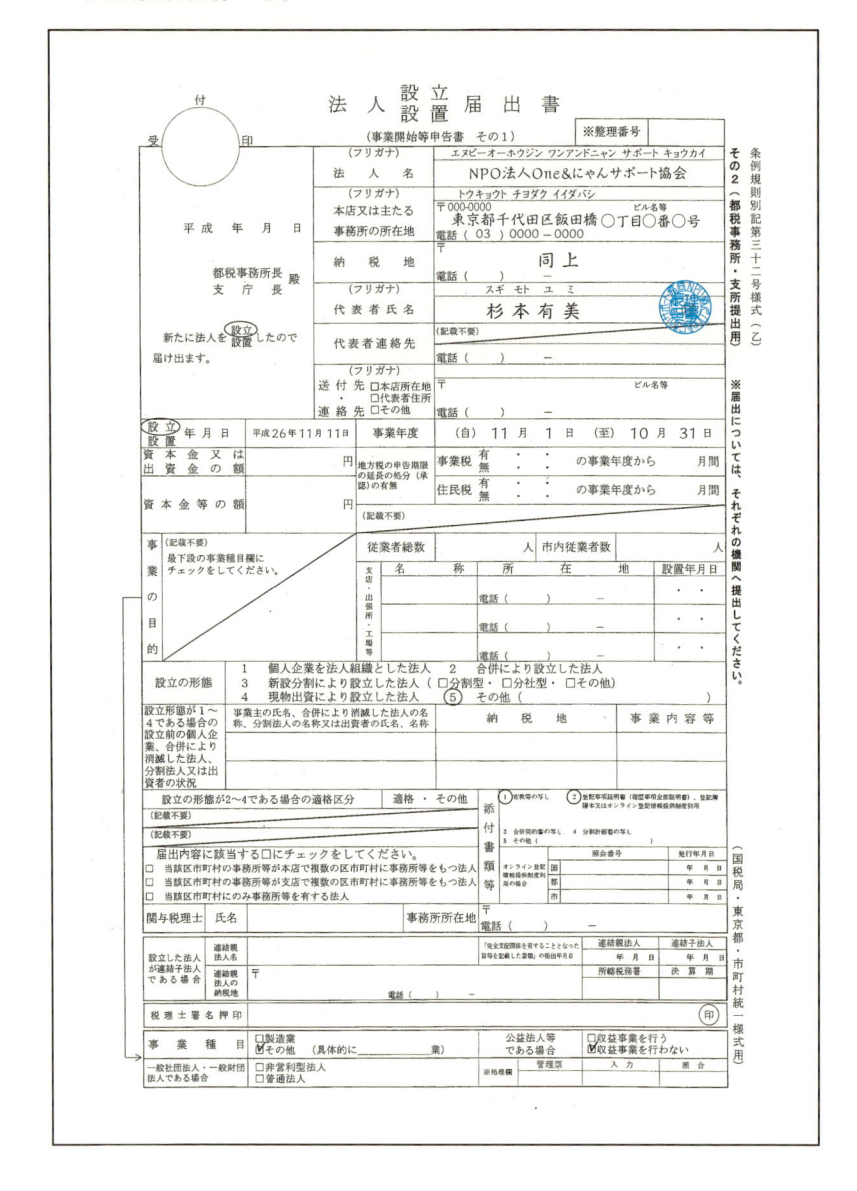

7-2 設立後の運営について

1. NPO法人の義務

事業報告などの提出

NPO法人は、毎事業年度はじめの3カ月以内に、前事業年度の事業報告などを都道府県庁に提出しなくてはなりません。これは活動の実績の有無に関わらず必ず提出が必要です。

● 毎事業年度はじめの3カ月以内に提出する書類

- **届出先** 都道府県庁
- **必要書類** 事業報告等提出書 [181頁参照]
  事業報告書 [182頁参照]
  活動計算書 [183頁参照]
  貸借対照表 [184頁参照]
  （計算書類の注記）
  財産目録 [185頁参照]
  前事業年度の「年間役員名簿」 [186頁参照]
  前事業年度末日における「社員のうち10人以上の者の名簿」 [187頁参照]
- **期日** 事業年度はじめの3カ月以内

上記書類は、都道府県庁に提出するとともに、事務所に備え置かなくてはなりません。

● 事務所に備え置く期間

- 作成日から翌々事業年度の末日まで

役員名簿と定款を事務所へ備え置く

　NPO法人は、役員名簿や定款を事務所に備え置かなくてはなりません。これは、前年のものではなく、最新のものを備え置きます。

> ❶ 役員名簿（最新のもの）
> ❷ 定款
> 　● 定款変更をした場合、その定款変更に関する認証書の写し
> 　● 登記事項の変更をともなう定款変更をした場合、その定款変更に関する登記事項証明書の写し

書類を閲覧させる

　NPO法人は、その社員（何度もいいますが、従業員のことではなくて社員総会のメンバーのこと）や、そのほか利害関係人から上記の頁で備え置いた書類について閲覧の請求があった場合には、正当な理由がある場合を除いては、閲覧させなくてはなりません。

資産総額の変更

　NPO法人は、事業年度末日現在の資産総額を登記します。これは事業年度末日から2カ月以内にすることになっています（200頁参照）。

> 事業所に置いておかないといけない書類は、ついうっかり忘れてしまわないように、注意しましょう。

● 事業報告等提出書　例

平成27年12月17日

東京都知事　　殿

郵便番号　〒000-0000
特定非営利活動法人の主たる事務所の所在地
　　東京都千代田区飯田橋○丁目○番○号
特定非営利活動法人の名称
　　NPO法人One＆にゃんサポート協会
代表者氏名　杉本有美
電話番号　　03-0000-0000
ファクシミリ番号　03-0000-0000

> NPO法人の実印を押印します

> 設立初年度は、謄本に記載された法人成立の日を書きます

事業報告書等提出書

前事業年度（平成26年11月11日から平成27年10月31日まで）の事業報告書等について、特定非営利活動促進法第29条（同法第52条第1項（同法第62条において準用する場合を含む）の規定により読み替えて適用する場合を含む）および特定非営利活動促進法施行条例第4条の規定に基づき、下記の書類を提出します。

記

1　事業報告書　　2部
2　活動計算書　　2部
3　貸借対照表　　2部
4　財産目録　　　2部
5　前事業年度の年間役員名簿　　2部
6　前事業年度末日における社員のうち10人以上の者の名簿　　2部

（次頁に続く）

● 事業報告書　例

平成26年度　事業報告書

平成26年11月11日から平成27年10月31日まで

NPO法人One&にゃんサポート協会

1　事業実施の成果

　里親探し会をメインとし、同時にリーフレットを配布し、情報提供や啓発活動を行った。次年度に予定していたチャリティバザーも、初年度から開催することができ盛況だった。この成果を翌年度の活動に繋げてゆきたい。

2　事業の実施に関する事項

特定非営利活動に係る事業

事業名	事業内容	実施日時	実施場所	従事者の人数	受益対象者の範囲および人数	支出額（千円）
動物の適正飼育などに関する情報提供、啓発事業	動物の適正飼育に関する相談対応	随時	法人事務所など	3人	ペットの飼い主など一般市民60人	0
	イベントへの出展による啓発活動	5月、10月	東京都世田谷区	8人	イベント参加者300人	52
	譲渡に関する勉強会	9月	○○区動物愛護センター	10人	一般市民不特定多数	30
動物の保護と里親探しに関する事業	保護犬、猫の里親探し会開催	毎月第3日曜日	○○駅前広場	5人	一般市民不特定多数	320
	保護犬、猫の里親探しのためのチャリティバザー開催	11月、4月、9月	○○駅前広場	5人	一般市民不特定多数	30

定款第5条の事業の種類を記載します

Ⓐ 合計が183頁のⒷと一致します

● 活動計算書　例

平成26年度　　活動計算書
平成26年11月11日から平成27年10月31日まで

NPO法人One&にゃんサポート協会

（単位：円）

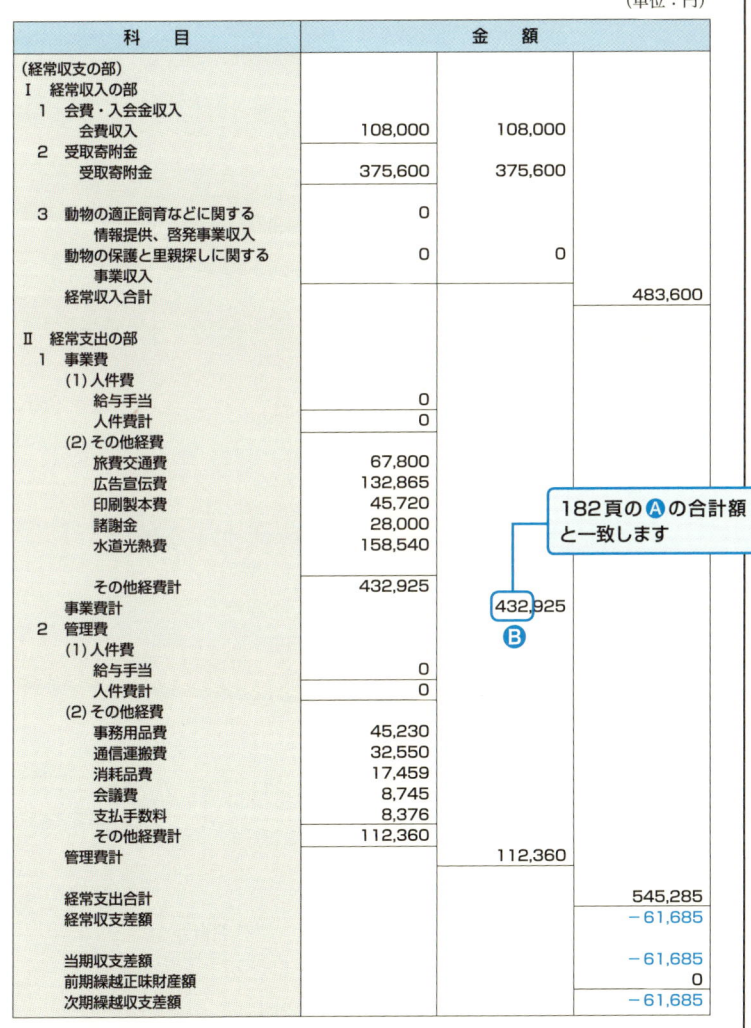

科　目	金　額		
（経常収支の部）			
Ⅰ　経常収入の部			
1　会費・入会金収入			
会費収入	108,000	108,000	
2　受取寄附金			
受取寄附金	375,600	375,600	
3　動物の適正飼育などに関する	0		
情報提供、啓発事業収入			
動物の保護と里親探しに関する	0	0	
事業収入			
経常収入合計			483,600
Ⅱ　経常支出の部			
1　事業費			
(1) 人件費			
給与手当	0		
人件費計	0		
(2) その他経費			
旅費交通費	67,800		
広告宣伝費	132,865		
印刷製本費	45,720		
諸謝金	28,000		
水道光熱費	158,540		
その他経費計	432,925		
事業費計		432,925	
2　管理費			
(1) 人件費			
給与手当	0		
人件費計	0		
(2) その他経費			
事務用品費	45,230		
通信運搬費	32,550		
消耗品費	17,459		
会議費	8,745		
支払手数料	8,376		
その他経費計	112,360		
管理費計		112,360	
経常支出合計			545,285
経常収支差額			-61,685
当期収支差額			-61,685
前期繰越正味財産額			0
次期繰越収支差額			-61,685

> 182頁の❹の合計額と一致します
> ❸ 432,925

（次頁に続く）

● 貸借対照表　例

平成26年度　　貸借対照表

平成27年10月31日現在

NPO法人One&にゃんサポート協会

（単位：円）

科　目	金　額		
Ⅰ　資産の部			
1　現金預金	277,036		
流動資産合計		277,036	
2　固定資産			
土地	0		
建物	0		
車両運搬具	0		
固定資産合計		0	
資産合計			277,036
Ⅱ　負債の部			
1　流動負債			
未払金	0		
流動負債合計		0	
2　固定負債			
長期借入金	338,721		
固定負債合計		338,721	
負債合計			338,721
Ⅲ　正味財産の部			
前期繰越正味財産		0	
当期正味財産増減額		−61,685	
正味財産合計			−61,685
負債及び正味財産合計			277,036

● 財産目録　例

平成26年度　財産目録

平成27年10月31日現在

NPO法人One&にゃんサポート協会

（単位：円）

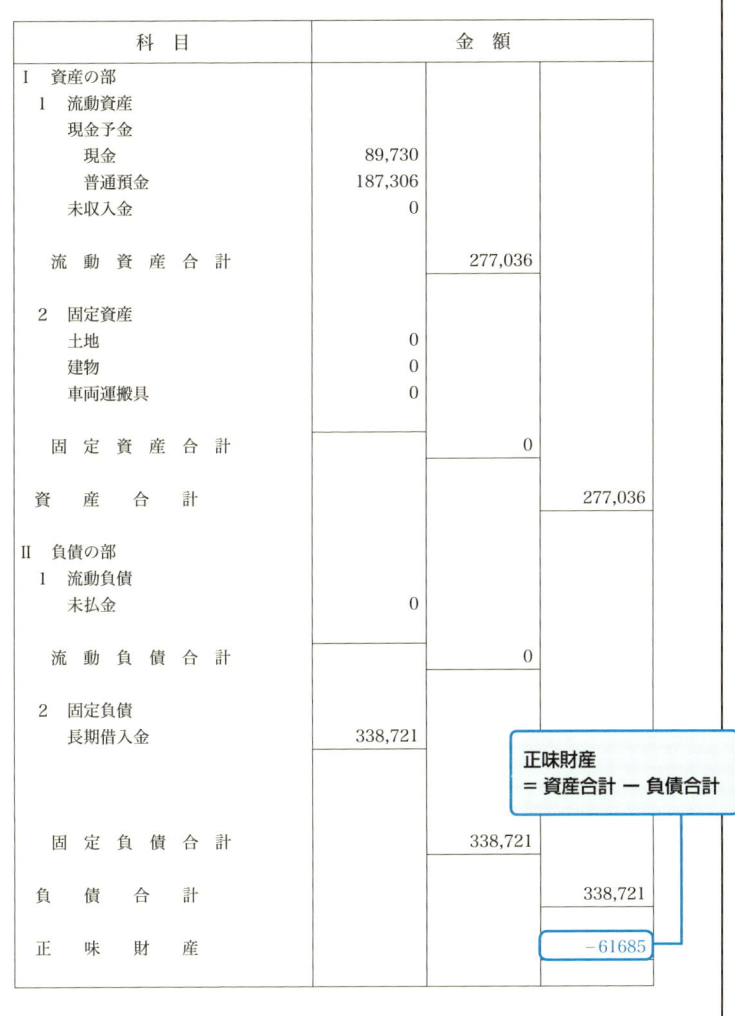

科　目	金　額		
I　資産の部			
1　流動資産			
現金予金			
現金	89,730		
普通預金	187,306		
未収入金	0		
流動資産合計		277,036	
2　固定資産			
土地	0		
建物	0		
車両運搬具	0		
固定資産合計		0	
資産合計			277,036
II　負債の部			
1　流動負債			
未払金	0		
流動負債合計		0	
2　固定負債			
長期借入金	338,721		
固定負債合計		338,721	
負債合計			338,721
正味財産			−61685

正味財産
＝資産合計 − 負債合計

（次頁に続く）

● 前事業年度の「年間役員名簿」 例

年間役員名簿

平成26年11月11日から平成27年10月31日まで

NPO法人One&にゃんサポート協会

役名	（フリガナ） 氏　名	住所または居所	就任期間	報酬を受けた期間
理事	スギモト ユ ミ 杉本有美	東京都文京区本郷 〇丁目〇番〇号	平成26年11月11日 〜 平成27年10月31日	
理事	イシ ダ タクロウ 石田拓郎	東京都中野区中野 〇丁目〇番〇号	平成26年11月11日 〜 平成27年10月31日	
理事	カン ダ コウイチ 神田浩市	東京都練馬区大泉町 〇丁目〇番〇号	平成26年11月11日 〜 平成27年10月31日	
監事	アイザワ 逢沢さゆり	東京都渋谷区渋谷 〇丁目〇番〇号	平成26年11月11日 〜 平成27年10月31日	
			年　月　日 〜 年　月　日	
			年　月　日 〜 年　月　日	
			年　月　日 〜 年　月　日	
			年　月　日 〜 年　月　日	
			年　月　日 〜 年　月　日	
			年　月　日 〜 年　月　日	

● 前事業年度末日における「社員のうち10人以上の者の名簿」例

社員のうち10人以上の者の名簿

平成27年10月31日現在

NPO法人One&にゃんサポート協会

	氏　名	住所または居所
1	杉本有美	東京都文京区本郷　○丁目○番○号
2	石田拓郎	東京都中野区中野　○丁目○番○号
3	神田浩市	東京都練馬区大泉町　○丁目○番○号
4	逢沢さゆり	東京都渋谷区渋谷　○丁目○番○号
5	田中一平	千葉県船橋市宮本　○丁目○番○号
6	青木常幸	埼玉県所沢市有楽町　○丁目○番○号
7	株式会社中拓 代表取締役　中嶋拓哉	東京都清瀬市上清戸　○丁目○番○号
8	柏原幸子	埼玉県浦和市南区　○丁目○番○号
9	小林ひろみ	神奈川県横浜市中区弁天通　○丁目○番○号
10	中田秀樹	東京都港区北青山　○丁目○番○号
11		
12		

7-3 NPO法人に変更があったとき

1. 役員に変更があったら

NPO法人の役員の氏名、住所に変更があったとき

「**役員の変更等届出書**」に変更後の「**役員名簿**」を添えて、都道府県庁に届け出なければなりません。また、役員が新たに就任した場合もその役員の「**就任承諾書および宣誓書**」と「**住民票**」を一緒に届け出なくてはなりません。ただし、新たな就任の場合でも、任期満了と同時に再任した場合には不要です。

なお、時期は、「遅滞なく」となっているので、速やかに届け出るようにします。

● 役員の新任（再任を除く）の場合

届出先	都道府県庁
必要書類	役員の変更等届出書 **189頁参照** 変更後の役員名簿 就任承諾書及び宣誓書の写し（コピーを提出し、原本は法人で保管します）**128頁参照** 役員の住所または居所を証する書面（住民票）
期　日	遅滞なく

● 再任、任期満了、死亡、辞任、解任、住所の変更、氏名の変更、代表者の変更の場合

届出先	都道府県庁
必要書類	役員の変更等届出書 **189頁参照** 変更後の役員名簿
期　日	遅滞なく

● 役員の変更等届出書（任期途中の辞任と新任） 例

平成○○年○○月○○日

東京都知事　殿

郵便番号　〒000-0000
特定非営利活動法人の主たる事務所の所在地
　東京都千代田区飯田橋○丁目○番○号
特定非営利活動法人の名称
　NPO法人One＆にゃんサポート協会
代表者氏名　杉本有美
電話番号　　03-0000-0000
ファクシミリ番号　03-0000-0000

＞ NPO法人の実印を押印します

役員の変更等届出書

　下記のとおり役員の変更等があったので、特定非営利活動促進法第23条第1項（同法第52条第1項（同法第62条において準用する場合を含む）の規定により読み替えて適用する場合を含む）の規定により、届け出ます。

記

変更年月日 変更事項	役　名	（フリガナ） 氏　名	住所または居所
平成○○年○ ○月○○日 辞任	理事	カンダ コウイチ 神田浩市	東京都練馬区大泉町 ○丁目○番○号
平成○○年○ ○月○○日 新任	理事	ヨシオカジュンイチ 吉岡純一	埼玉県さいたま市中央区上峰 ○丁目○番○号

（次頁に続く）

忘れがちなので注意すること

≪設立時から役員変更がない場合

　設立してからずっと同じメンバーで、何も変更がないことがあります。その場合、何の届け出も必要がないと思ってしまいがちですが、NPO法人の役員の任期は最長2年です（設立当初は、定款の附則などに記載した日までになり、初年度は法人によって期間がまちまちです）。もちろん、2年より短い任期を設定することもできますが、一般的にほとんどの法人が2年で設定しています。

　その**任期の満了時に、すべての役員が再任する場合、つまり変更がなく全員同じ人でも、都道府県庁への「役員の変更等届出書」の提出が必要になります。**

　これを忘れていて、ずっと届け出をしていない法人が多くあります。あとで、突然都道府県庁から連絡を受け、あわててしまう法人もあるので気をつけてください。

≪登記の変更が必要な場合

　また、**代表権のある理事を変更した場合には、2週間以内に変更の登記もしなくてはなりません。**

　任期満了後に再任され、引き続き同じ人が理事長となる場合も、重任の登記が必要です。

　代表権のある理事以外の理事や監事については登記しないので、変更した場合には都道府県庁への届け出だけでかまいません。

　本書のサンプルの「NPO法人One＆にゃんサポート協会」で任期を確認してみましょう。定款の附則に設立当初の役員の任期が記載してあります。これを確認すると下記日付になっています。

　「平成28年1月31日」

　つまり、ここでいったん任期が終わります。再任可能なので、役員が再任される場合、次の任期は「平成28年2月1日～平成30年1月31日」となります。そこでまた任期は終わり、次の2年がスタートするという流れになります。

7-3 NPO法人に変更があったとき

2. 定款の変更

定款の変更のしかた

　定款を変更する場合、変更事項については社員総会で議決します。そして、その議決は社員総数の2分の1以上が出席し、その出席者の4分の3以上の多数の賛成が必要です（この議決要件は、定款に定めれば増減が可能です）。

認証の要否

定款の変更は、大きく次の2つに分かれます。

❶ 認証が必要な変更
❷ 認証がいらない変更

　認証が必要な変更は、次の10項目になります。それ以外の変更は認証がいりません。
　認証が必要ということは、設立のときのように縦覧期間と審査期間を経ることになるので、約4カ月の時間がかかるということです。

● 認証が必要な変更（認証を受けなければ効力は生じません）

❶ 目的
❷ 名称
❸ 特定非営利活動の種類および特定非営利活動に係る事業の種類
❹ 所轄庁の変更を伴う主たる事務所およびその他の事務所の所在地
❺ 社員の資格の得喪に関する事項

（次頁に続く）

❻ 役員に関する事項(役員の定数に係るものを除く)
❼ 会議に関する事項
❽ その他の事業を行う場合には、その種類と事業に関する事項
❾ 解散に関する事項
❿ 定款の変更に関する事項

登記の変更が必要な場合と不要な場合

　定款の変更により、登記事項を変更した場合、変更の登記をしなくてはなりません。定款変更の手続きは、以下の流れになります。

● 定款変更の概要

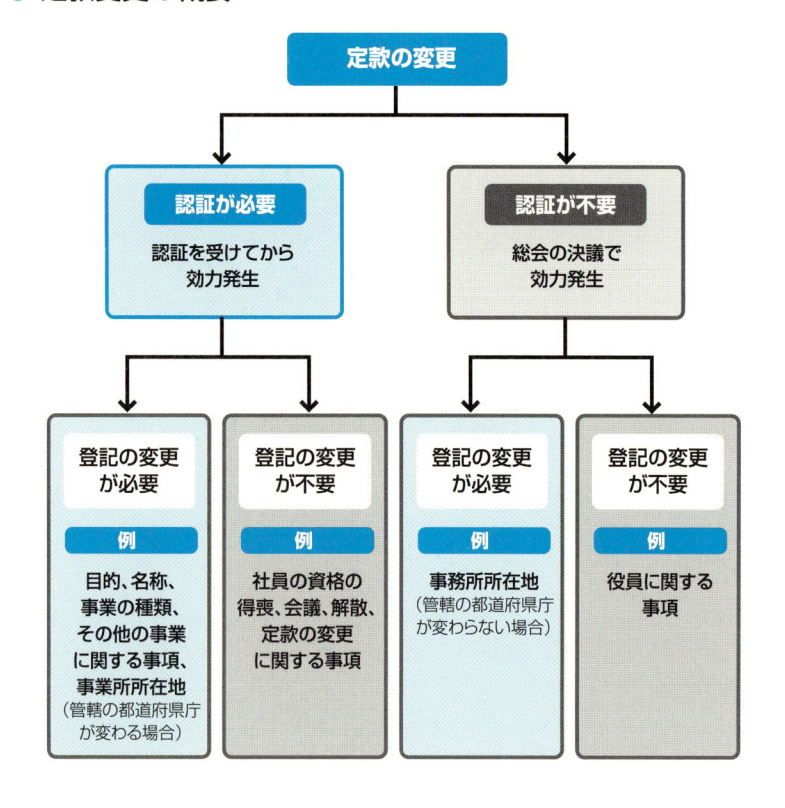

```
                        定款の変更
                ┌──────────┴──────────┐
            認証が必要                認証が不要
         認証を受けてから            総会の決議で
           効力発生                   効力発生
         ┌──────┴──────┐         ┌──────┴──────┐
      登記の変更      登記の変更      登記の変更      登記の変更
       が必要          が不要          が必要          が不要
        例              例              例              例
     目的、名称、    社員の資格の    事務所所在地     役員に関する
     事業の種類、    得喪、会議、解散、(管轄の都道府県庁      事項
     その他の事業    定款の変更     が変わらない場合)
     に関する事項、  に関する事項
     事業所所在地
     (管轄の都道府県庁
      が変わる場合)
```

認証がいらない定款変更の手続きのしかた

　認証がいらない定款変更の場合には、総会の議決で効力を生じます。あとは、都道府県庁への届け出をして完了するので、手続き自体は簡単です。手続きの時期は「遅滞なく」となっているので、速やかに提出しましょう。

届出先	都道府県庁
必要書類	定款変更届出書　194頁参照 変更後の定款 定款変更を議決した社員総会の議事録の謄本（コピーを提出し、原本は法人で保管します）　195頁参照
期　日	遅滞なく

定款変更は、すぐに変更できるものと時間のかかるものの2つのパターンがあるんだね。

（次頁に続く）

● 定款変更届出書　例

平成○○年○○月○○日

東京都知事　殿

　　　　　　　　　　郵便番号　〒000-0000
　　　　　　　　　　特定非営利活動法人の主たる事務所の所在地
　　　　　　　　　　　東京都千代田区飯田橋○丁目○番○号
　　　　　　　　　　特定非営利活動法人の名称
　　　　　　　　　　　NPO法人One＆にゃんサポート協会
　　　　　　　　　　　代表者氏名　杉本有美　　㊞
　　　　　　　　　　　電話番号　　03-0000-0000
　　　　　　　　　　　ファクシミリ番号　03-0000-0000

定款変更届出書

　下記のとおり定款を変更したので、特定非営利活動促進法第25条第6項の規定により、届け出ます。

記

1	変更の内容	定款第2条及び第13条を次のとおり変更する。 第2条 (新)　この法人は、主たる事務所を東京都港区北青山○丁目○番○号に置く。 (旧)　この法人は、主たる事務所を東京都千代田区飯田橋○丁目○番○号に置く。 第13条 (新)　この法人に、次の役員を置く。 　　(1) 理事　3人以上12人以内 (旧)　この法人に、次の役員を置く。 　　(1) 理事　3人以上8人以内
2	変更の理由	現在の事務所が手狭になり移転するとともに、活動をより発展させるため理事の増員を予定しているため
3	変更の時期	平成○○年○○月○○日

● **定款変更を議決した社員総会の議事録の謄本　例**

NPO法人 One＆にゃんサポート協会　総会議事録

1　日　　　時　　平成○○年○○月○○日（金）　午後3時から午後4時まで

2　場　　　所　　東京都千代田区飯田橋○丁目○番○号（当法人事務所）

3　正会員総数　　10名

4　出席者数　　　10名（うち書面表決者3名）

5　審議事項
（1）議長の選任
（2）定款の変更について

6　議事の経過の概要及び議決の結果
（1）議長の選任
　　司会より、本日の総会は定足数を満たしたので有効に成立した旨を告げ、杉本有美氏を議長に指名し、全員異議なくこれを承認した。
（2）定款の変更について
　　杉本有美氏より定款の変更案について詳細な説明があり、質疑応答のあと、全員異議なく承認された。

7　議事録署名人の選任に関する事項
　　議長より本日の議事をまとめるにあたり、議事録署名人2名を選任することを諮り、鈴木由紀恵氏および田中良純氏を選任することを全員異議なく承認した。

以上、この議事録が正確であることを証します。

平成○○年○○月○○日

　　　　　　　　　　　議　　　長　　　杉本有美　　㊞

　　　　　　　　　　　議事録署名人　　鈴木由紀恵　　㊞

　　　　　　　　　　　議事録署名人　　田中良純　　㊞

> この法人の場合、定款25条に規定があるので、議長は正会員を選任しています。それぞれの定款でどのような規定となっているか確認し、そのとおりにします。

認証が必要な定款変更の手続きのしかた

　認証が必要な定款変更の場合、設立のときと同様に、申請して認証まで、縦覧、審査が必要となり、約4カ月の期間を予定しなくてはなりません。社員総会の議決だけで効力を生じるものではないので注意が必要です。

≪事業の変更を伴う場合

　設立のときと同様に、**2事業年度分の「事業計画書」と「活動予算書」も作成します。**

　書類のつくり方は設立のときと同じです。設立時を思い出して、同じように事業計画書、活動予算書を作成しましょう。

● 認証が必要な定款変更の手続きに必要な申請書類

届出先	都道府県庁
必要書類	定款変更認証申請書 197頁参照
	定款変更を議決した社員総会の議事録の謄本（コピーを提出し、原本は法人で保管します） 195頁参照
	変更後の定款
事業の変更を伴う場合	定款変更の日の属する事業年度および翌事業年度の事業計画書
	定款変更の日の属する事業年度および翌事業年度の活動予算書

認証が必要な定款変更のうち、所轄都道府県庁の変更を伴う場合

　定款変更で、主たる事務所を変更する場合、変更後も所轄の都道府県庁が同じであれば、認証不要で届け出だけですみます。

　しかし、変更後に管轄外の都道府県庁へ移転する場合、注意が必要です。この場合、変更後の都道府県庁の知事や長に対して定款変更の認証申請をしますが、**書類の提出は、変更前の都道府県庁に対して行い**、変

更前の都道府県庁から変更後の都道府県庁へ、その書類が転送されます。審査の権限は変更後の都道府県庁にあるので、使用する書式は新しい都道府県庁のもので作成し、提出は変更前の都道府県庁となるので注意してください。

● **定款変更認証申請書　例**

平成○○年○○月○○日

東京都知事　　殿

郵便番号　〒000-0000
特定非営利活動法人の主たる事務所の所在地
　東京都千代田区飯田橋○丁目○番○号
特定非営利活動法人の名称
　NPO法人One＆にゃんサポート協会
　　代表者氏名　杉本有美
　　電話番号　　03-0000-0000
　　ファクシミリ番号　03-0000-0000

定款変更認証申請書

　下記のとおり定款を変更することについて、特定非営利活動促進法第25条第3項の認証を受けたいので、申請します。

記

1	変更の内容	(新) 第1条　この法人は、人と動物の幸せを考えるNPO法人という。 (旧) 第1条　この法人は、NPO法人One＆にゃんサポート協会という。
2	変更の理由	当法人の活動は、犬と猫だけではなく、ほかの小動物などさまざまなペットもいるため、それを含めた広い名前にするためです

（次頁に続く）

定款変更をしたあとの登記のしかた

　定款を変更したことにより、登記事項の変更が生じた場合、管轄の法務局において、**2週間以内に変更登記の申請を行います**。

　また、登記が完了したあとは、「**定款の変更の登記完了提出書**」を提出します。これも設立のときと同様に、登記事項証明書を取得して、一緒に提出します。

届出先	都道府県庁
必要書類	定款の変更の登記完了提出書 199頁参照 登記事項証明書※ 173頁参照 登記事項証明書のコピー
期　日	完了後遅滞なく

※ 登記事項証明書は「全部事項証明書」の「履歴事項証明書」を取得します。登記事項証明書交付申請書の書き方は171頁を参照してください。

> 法人の名称や所在地などが変更になった場合は、税務関係の変更届も忘れず行いましょう。

● 定款の変更の登記完了提出書　例

平成○○年○○月○○日

東京都知事　　殿

郵便番号　〒000-0000
特定非営利活動法人の主たる事務所の所在地
　東京都千代田区飯田橋○丁目○番○号
特定非営利活動法人の名称
　NPO法人One＆にゃんサポート協会
　代表者氏名　杉本有美
　電話番号　　03-0000-0000
　ファクシミリ番号　03-0000-0000

定款の変更の登記完了提出書

　定款の変更の登記を完了したので、特定非営利活動促進法第25条第7項（同法第52条第1項（同法第62条において準用する場合を含む）の規定により読み替えて適用する場合を含む）の規定により提出します。

7-3 NPO法人に変更があったとき

3. そのほかの手続き

資産総額の変更

　資産の総額とは、正味財産（資産合計から負債合計を引いたもの）のことで、設立時や毎年の事業報告で添付する、「財産目録」に記載されている正味財産の金額のことです。

　資産総額の変更は、毎事業年度の末日から2カ月以内に行うことになっています。登記申請書の添付書類は、都道府県庁への事業報告の際に提出する財産目録だけなので、それほど手間はかかりません。

　ただ実際には、この手続きをしなくてはならないこと自体を知らないNPO法人もたくさんあります。資産総額の変更まで毎年やっていれば、とてもしっかりしたNPO法人といえるでしょう（右頁参照）。

労働保険、社会保険関係など人事労務手続きについて

　NPO法人も、労働者を使用して事業運営をするときは、株式会社などと同じように、労働保険（労働者災害補償保険、雇用保険）、社会保険（健康保険、厚生年金）に加入しなくてはなりません。NPOだからといって、別の法律や制度があるわけではないので、労働保険、社会保険について書かれた市販の人事労務関係の書籍を参考に、手続きを進めてください。

　本書では、NPO法人形態の特性からくるポイントを挙げておきます。

≪❶ 役員（理事）の労災保険（労働者災害補償保険）

　労災保険とは、労働者が、勤務中や通勤途上で負ったケガ、疾病、障害、死亡などに対し、治療費や休んだ日の一定の賃金などの各種保険給付を

● **特定非営利活動法人変更登記申請書　例**

特定非営利活動法人変更登記申請書

1．会社法人等番号　　0000-00-000000

1．名　　称　　　　　NPO法人One＆にゃんサポート協会

1．主たる事務所　　　東京都千代田区飯田橋〇丁目〇番〇号

1．登記の事由　　　　資産の総額の変更

1．登記すべき事項　　平成27年10月31日　資産の総額変更

　　　　　　　　　　資産の総額0円（債務超過額金61,685円）

1．添付書類　　　　　財産目録　　　　1通

　上記のとおり登記の申請をします。

　　平成〇〇年〇〇月〇〇日

　　　　　　　　　申請人　東京都千代田区飯田橋〇丁目〇番〇号
　　　　　　　　　　　　　NPO法人One＆にゃんサポート協会

　　　　　　　　　理　事　東京都文京区本郷〇丁目〇番〇号
　　　　　　　　　　　　　杉本有美　　　　　　　　　　㊞

　　　　　　　　　連絡先の電話番号　03-0000-0000

東京法務局　本局　御中

（次頁に続く）

してくれるものです。

ただ、役員は労働者ではないため、原則として労災保険には加入できません。とはいえ、NPO法人の役員であっても、役員自身も働いているケースがあります。たとえば、介護事業所のNPO法人では、役員自身もヘルパーとして働いていることも多いでしょう。このような場合、法人役員であっても、労働者と同様の仕事をして賃金を受ける場合には、労災保険が適用されます。

一方、法人の代表者は「特別加入」という制度を利用することで、労災保険の適用を受けられます。特別加入の手続きのしかたは、NPO法人以外の事業所と同じです。

≪❷ 役員（理事）の雇用保険

本来役員は労働者ではないので、雇用保険に加入しません。つまり、退職しても失業給付をもらうこともできません。しかし、前述のように、NPO法人の場合、役員でも労働者として働いているケースが多くあります。この場合には、ハローワークの窓口で、「**兼務役員雇用実態証明書**」などを提出し、その役員の労働者性を証明すれば雇用保険に加入することが可能です。

労働者性の証明に必要な具体的な書類については、ハローワークの窓口で確認しましょう。ただし、法人の代表者は被保険者にはなれません。

≪❸ 役員（監事）はNPO法人の職員になれる？

役員（監事）はそもそも、NPO法人の職員にはなれません（56頁参照）。

月	日	....	☐
月	日	....	☐
月	日	....	☐

この章の中で、何月何日に●●●をしようと決めたらここに書き込んで、実際にやったらチェックを入れましょう。

第8章 認定NPO法人

都道府県庁の「認証」を経て「NPO法人」になりますが、その先に「認定」を受けて「認定NPO法人」になるという道があります。

ただ、NPO法人を設立して、すぐに認定を申請できるわけではなく、数年先の話になります。

もし、将来、認定を受けたいということであれば、認定してもらえるような運営をしていかなくてはならないので、制度の概要を知っておくといいでしょう。

最後に、この章では認定NPO法人の制度について説明していきます。

8-1 認定NPO法人の制度としくみ

1. 認定NPO法人とは？

認定NPO法人の制度

　認定NPO法人は、NPO法人のうち、その運営組織および事業活動が適正であって公益の増進に資するものとして、都道府県庁の認定を受けた法人のことをいいます。正式には、「**認定特定非営利活動法人**」といいます。

認定NPO法人になるメリット

　NPO法人になったあと、一定の要件を満たして認定されれば、認定NPO法人になります。認定されると何がよいかというと、簡単にいえば**税制上の優遇が受けられます。**

　本書はNPO法人設立が目的なので、認定制度に関しては細かく記載しませんが、認定制度のイメージや、それを視野に入れて運営することについて説明しておきます。

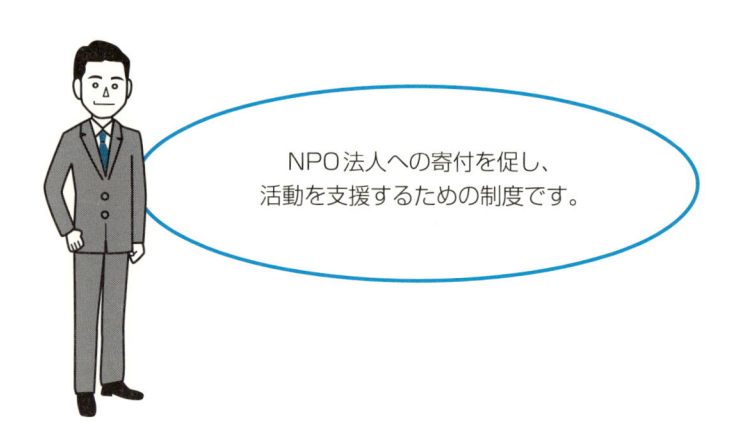

> NPO法人への寄付を促し、活動を支援するための制度です。

認定NPO法人になるのは難しい

　税制上の優遇があるとすると、たくさんのNPO法人が認定を受けたいと思うでしょう。ところが、認定制度はあまりに要件が厳しく、ハードルが高いため、ほとんどといっていいほど浸透していません。

　そこで、平成24年に大きく認定制度が改正されました。とはいっても、認定NPO法人になることが大変難しいことには変わりありません。

≪認定NPOの要件

　認定を受けるための要件の中でとても重要なのが、「**パブリック・サポート・テスト基準**」です。パブリック・サポート・テストとは、「パブリック」つまり「一般社会」から、どれだけ「サポート」つまり「支持」を受けているかをテストするという意味です。この基準で、広く社会から支援を受けているのかを判断します。

● パブリック・サポート・テスト（PST）

- イ　NPO法人の収入金額に占める寄付金の割合が20％以上であること（**相対性基準**といいます）

　　　または

- ロ　3,000円以上の寄付者の数が、年平均で100人以上であること（**絶対性基準**といいます）

　　　または

- ハ　都道府県庁などの条例により、個別に指定を受けていること（**条例個別指定**といいます）

　パブリック・サポート・テストは、イ　ロ　ハのどれか1つの基準を満たしていればクリアします。イ　ロの内容からわかるように、寄付の充実がポイントです。

　ハの条例個別指定は、各都道府県または市区町村ごとの条例で定めら

れた基準に適合していると認められ、指定を受けた法人です。指定を受けたNPO法人に市民が寄付をすると個人住民税の税額控除が受けられるとともに、認定NPOの要件であるパブリックサポート要件をクリアすることになります。NPO法人へ寄付を促し、財政基盤の強化と活動の発展を目指すもので、認定NPOと同じ趣旨の制度です。ただ、今のところ東京都では、条例個別指定は行っていません。

仮認定制度という猶予期間ができた

　このように、認定NPOになる要件は、かなり厳しいです。この要件が重たいため、認定NPOの制度がなかなか浸透しなかったという経緯があります。そこで、平成24年の改正で、新しく「**仮認定**」という制度ができました。仮認定制度では認定NPO法人になるための要件の中で、一番ネックである、「パブリック・サポート・テスト」が外されています。つまり一番大変な要件が除かれ、ほかの要件を満たせば、仮で認定を受けることができ、通常の認定を受けるよりもかなりハードルが低くなりました。

　仮認定で税制上の優遇を受けて、仮認定の期間（3年間）に寄付金などを集めることができるような組織に育てたうえで、改めて、認定の申請をするというイメージです。

　今までの❶に比べ、❷のように一段補助階段を入れることができることになって、猶予期間が設けられたことで認定の準備がしやすくなりました。

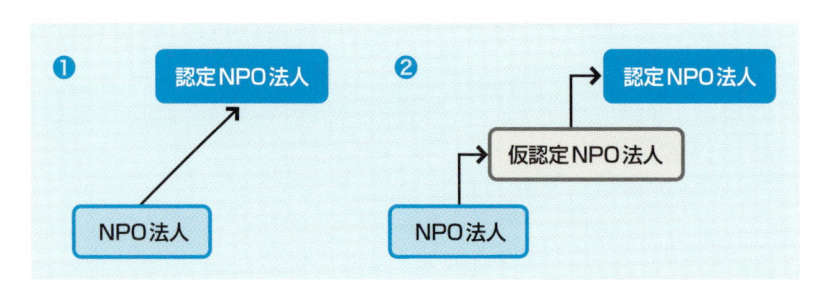

❶ NPO法人 → 認定NPO法人

❷ NPO法人 → 仮認定NPO法人 → 認定NPO法人

　いきなり認定NPO法人を目指すのは、かなりハードルが高いので、❷のようにまずは仮認定を目指し、その後、組織の運営を安定させて実

績を積んでから認定NPO法人を目指すとよいでしょう。

税制上の優遇について

　認定NPO法人や、仮認定NPO法人になると、次のような税制上の優遇があります。認定NPO法人だけに認められるものもありますが、基本的に、個人や法人などがNPO法人に寄付する場面で優遇される点については、認定も仮認定も同じです（相続を除く）。

● 認定NPO法人、仮認定NPO法人共通の税制上の優遇

❶ **個人が寄付した場合**：所得控除または税額控除のいずれかの控除を選択できる
　税金の種類：所得税、住民税
❷ **法人が寄付した場合**：一定の範囲内で損金算入できる
　税金の種類：法人税

● 認定NPO法人の税制上の優遇

❶ **相続人等が相続財産を寄付した場合**：一定の範囲内で損金算入できる
　税金の種類：相続税
❷ **認定NPO法人自体の一定の範囲の支出**：一定の範囲内で損金算入できる
　税金の種類：法人税など

≪仮認定を受けるには

　仮認定のための審査を受けるためには、2事業年度の実績判定期間が必要です。つまり、設立後すぐに申請できるものではなく、実績判定期間において、仮認定の要件を満たすように運営していかなくてはなりません。
　また、仮認定を申請できるのは設立から5年以内の法人です。つまり、**設立から2事業年度経過以降から、設立後5年以内ということになるの**

で、**申請のチャンスはかなりかぎられています。**これを逃すと、あとは補助階段なしで直接、認定の申請をすることになります。

　ちなみに法改正の時点で、5年を過ぎていたNPO法人が申請できないのは不公平なので、平成27年3月31日までは、設立後5年を超えた既存のNPO法人も仮認定の申請ができることになっています。

　さて仮認定は、認定より要件が軽いとはいえ、それをしっかり満たさなくてはならないことにかわりはありません。パブリック・サポート・テストを除いた認定の要件、つまり仮認定の申請のための要件を簡単に概要だけ説明します。仮認定NPO法人を目指したい場合、どのように運営していったらよいのかイメージができると思います。

● 仮認定の要件

> 個人や法人の私物化されたNPO法人ではなく、幅広い人たちが参加しているということです

> 会員や特定の人だけがメリットを受ける活動は、全体の活動の半分以下で、残りの半分以上は、広く一般市民のための公益的な活動を行っているというイメージです

1	**事業活動において、共益的な活動の占める割合が50％未満である。** 会員や特定の者に限定した活動など、公益ではなく「共益的」な活動の割合が50％未満である
2	**運営組織および経理が適切である。** ・役員のうち、特定の役員の親族関係者や、特定の法人の関係者の占める割合が3分の1以下である ・公認会計士か監査法人の監査、または青色申告法人と同等の経理を行っている ・支出金銭について使途不明なものがなく、帳簿に虚偽記載はしていない
3	**事業活動の内容が適正である。** ・宗教活動、政治活動などを行っていない ・役員、社員、寄付者やこれらの者の親族に特別の利益を与えていない ・営利目的の事業や、宗教・政治活動を行う者、特定の公職の候補者等に寄付を行っていない ・特定非営利活動にかかる事業費が総事業費の80％以上 ・受け入れ寄付金総額のうち特定非営利活動にかかる事業に充てた金額が70％以上

> 会計士や監査法人の監査というとハードルが高く感じますが、青色申告と同等の経理、つまり、きちんと常識的に経理がなされていれば問題ありません

> 総事業費のうち8割以上は、NPO法人の本来の目的に沿った活動に使っているということです

4	情報公開を適切に行っている。書類の閲覧に応じられる
5	所轄庁に対し事業報告等を期限までに提出している
6	法令違反、不正の行為、公益に反する事実などがない
7	申請書を提出する日の属する事業年度初日において、設立の日から1年を超える期間が経過している
8	欠格事由のいずれにも該当しない。役員に欠格事由がある、定款や事業計画が法令に違反している。国税や地方税の滞納処分から3年を経過していない。暴力団やその統制下にある法人ではないなど

　仮認定の要件を見てどう感じましたか？　まじめにしっかり運営していれば、クリアできそうに感じるのではないでしょうか。

　ただ、認定や仮認定を受けることはメリットだけではありません。通常の事業報告のほかに、提出義務のある書類が増えるので事務量も増加します。ですから、寄付が多い法人であれば認定や仮認定を取得することを検討するといいのですが、寄付をメインとしない法人の場合、手間が増えるうえに、仮認定のあとの認定が取れない可能性が高いので、あまりメリットはないでしょう。

　この章の認定、仮認定の話は、税制上の優遇だけの話です。NPO法人の真価は、活動を通じてその掲げた目的を達成していくことにあります。集まったメンバーである役員、社員のみなさんと知恵を出しあい、協力し、どのようなNPO法人に育てていきたいかを考えながら設立書類を作成していくとよいでしょう。

> この章の認定、仮認定制度は、税制上の優遇措置の話ですが、このような措置は見直し・縮小・廃止の可能性もあるので、プラスアルファのものと位置づけておいたほうがいいでしょう。

索　引

数字・アルファベット

3年以上の事業報告未提出 31
CD-R 155
NGO 17
NPO 16
NPOの新会計基準 32
NPO法人のタイプ 21
NPO法人 16
NPO法人になるための要件 61
NPO法人認証申請中 143
NPO法人の義務 179
NPO法人の役員になることが
　　できない人 126
NPO法人の要件チェック表 14
NPO法人を設立するまでの流れ 34
PST 205

あ

青色申告の承認申請書 176

い

印鑑 150
印鑑カード 165
印鑑カード交付申請書 166
印鑑証明書 165, 168
印鑑証明書及び登記事項証明書
　　交付申請書 167

印鑑登録証明書 151
印鑑届書 155, 162

え

営利 61

か

会員 75
会計書類 32, 64
会計の原則 64
外国人 57
会費 26, 75
角印 151
各書類の日付について 138
確認書 131
各役員の住所または
　　居所を証する書面 129
活動予算書 120
仮認定制度 206
仮認定の要件 208
監事 56

き

議事録 133
寄付金 25
行政不服審査法に基づく
　　異議申し立て 39

銀行印 150

け

計算書類 64
決定事項チェックシート 66
源泉所得税 30
兼務役員雇用実態証明書 202

こ

公告 38, 144
公報 144
広報窓口型 22

さ

サービスの対価をもらう 26
財産目録 152, 154
再提出書 145

し

事業計画書 117
事業実施の方針 117
事業年度 81
事業報告 31, 179
事業報告等提出書 181
資産総額の変更 180, 200
資産の総額を証する書面 154
事前相談 36, 42, 44, 140
社員 54, 60, 80
社員のうち10人以上の者の名簿 130
社会的信頼 29

社会保険関係 200
収益型 22
収益事業開始届出書 176
収益事業の種類 29
収益を上げる事業と上げない
　　事業の区分 27
宗教 61
従たる事務所 73
就任承諾書及び宣誓書 126
住民票 66, 129
縦覧期間 38, 144
主たる事務所 73
準備する必要書類 154
使用できる文字 70
就任承諾書 154
消費税 30
所在地 73
助成金 24
審査 145
審査期間 39
申請受理数 45
申請書の受理から認証（不認証）
　　までの手順 38
申請の際の手順 163
親族 78
親族の制限 57

す

スケジュール 34

せ

正規の簿記の原則 64

政治	62
政治家への支援	62
税制上のメリット	29
税制上の優遇	207
税務関係の届け出	175
設立趣旨	83
設立趣旨書	90, 93
設立申請に必要な書類	88
設立総会	37, 133
設立総会議事録	133
設立登記完了届出書	41, 170
設立登記申請書	154
設立認証申請書	136
設立の準備から申請までの手順	36
設立の目的	84
前事業年度の「年間役員名簿」	186
前事業年度末日における「社員のうち10人以上の名簿」	187

そ

総会	37, 133
「その他の事業」で収益を上げる	26

た

貸借対照表	184
代表権を有する者の資格を証する書面	154
代表者個人の印鑑登録証明書	151

ち

チェックシート	66

て

定款	95, 154
定款の変更	191
定款の変更の登記完了提出書	199
定款変更届出書	194
定款変更認証申請書	197
定款変更の概要	192
定款変更を議決した社員総会の議事録の謄本	195
定款変更をしたあとの登記	198
デメリット	31

と

登記完了届	41
登記事項証明書	41, 165
登記事項証明書交付申請書	171
登記すべき6項目	153
登記すべき事項を記載したもの	155
登記に用いることのできる符号	70
登記の変更	190
登録免許税	30
特定非営利活動	18
特定非営利活動20分野	18, 50
特定非営利活動促進法	16
「特定非営利活動法人設立認証申請」に係る補正書類の再提出について	146
特定非営利活動法人変更登記申請書	201

な

内閣府の認証	74

に

任意団体 143
認証が必要な定款変更の手続き 196
認証決定通知から登記完了届
　までの手順 40
認証書 40, 147, 154
認証申請中 143
認証数 45
認証率 45
認定NPO法人 204
認定特定非営利活動法人 204

は

パブリック・サポート・テスト 205

ひ

非営利 19
非営利組織 16
非政府組織 17
必要書類 164
必要な書類 88

ふ

不特定多数の人の利益 53
不認証 39, 146

ほ

法人格 28
法人実印 150

法人住民税の均等割 176
法人住民税の免除申請 176
法人設立（設置）届出書 178
法人設立日 163
暴力団 63
補助金 24
ボランティア型 21
本業発展型 23

み

認め印 66

め

名称の決め方 70
メリット 28
免除申請 176

も

モデル定款 94
モデル定款（総会型） 97
モデル定款（理事会型） 107

や

役員 54, 56, 78
役員の変更等届出書 189
役員の報酬 58
役員報酬 79
役員名簿及び役員のうち、
　報酬を受ける者の名簿 124

213

り

理事 56

ろ

労働保険 200

ダンゼン得する　知りたいことがパッとわかる
NPO法人のつくり方がよくわかる本

2013年11月15日　初版第1刷発行
2015年 2月14日　初版第2刷発行

著　者　　渕こずえ
発行人　　柳澤淳一
編集人　　福田清峰
発行所　　株式会社　ソーテック社
　　　　　〒102-0072　東京都千代田区飯田橋4-9-5　スギタビル4F
　　　　　電話：注文専用　03-3262-5320
　　　　　FAX：　　　　　03-3262-5326

印刷所　　図書印刷株式会社

本書の全部または一部を、株式会社ソーテック社および著者の承諾を得ずに無断で複写（コピー）することは、著作権法上での例外を除き禁じられています。
製本には十分注意をしておりますが、万一、乱丁・落丁などの不良品がございましたら「販売部」宛にお送りください。送料は小社負担にてお取り替えいたします。

©KOZUE FUCHI 2013, Printed in Japan
ISBN978-4-88166-884-9

ソーテック社の好評書籍

本シリーズは、必要な種類とその書類の書き方のサンプルをできるかぎり掲載しているので、いざというときにも安心！

ダンゼン得する 知りたいことがパッとわかる 会社の数字 がよくわかる本

税理士　平井孝代　著

- 定価（本体価格 1,480 円＋税）
- ISBN978-4-8007-2010-8

改訂 ダンゼン得する いちばんわかいやすい 会社のつくり方 がよくわかる本

税理士　原 尚美　著

- 定価（本体価格 1,480 円＋税）
- ISBN978-4-8007-2007-8

最新 ダンゼン得する いちばんわかいやすい 創業融資と補助金 を引き出す本

税理士　原 尚美　著

- 定価（本体価格 1,480 円＋税）
- ISBN978-4-8007-2020-7